荣成市乡村振兴教学案例集

中共荣成市委组织部
中共荣成市委党校
编

山东大学出版社
SHANDONG UNIVERSITY PRESS
·济南·

图书在版编目（CIP）数据

荣成市乡村振兴教学案例集 / 中共荣成市委组织部，中共荣成市委党校编．—济南：山东大学出版社，2022.10

ISBN 978-7-5607-7644-6

Ⅰ．①荣… Ⅱ．①中… ②中… Ⅲ．①乡村教育—教案（教育）—汇编—荣成 Ⅳ．①G725

中国版本图书馆 CIP 数据核字（2022）第 188747 号

责任编辑 刘森文
封面设计 蓝海文化

荣成市乡村振兴教学案例集
RONGCHENGSHI XIANGCUN ZHENXING JIAOXUE ANLIJI

出版发行 山东大学出版社
社 址 山东省济南市山大南路 20 号
邮政编码 250100
发行热线 （0531）88363008
经 销 新华书店
印 刷 济南新科印务有限公司
规 格 720 毫米 ×1000 毫米 1/16
12.25 印张 192 千字
版 次 2022 年 10 月第 1 版
印 次 2022 年 10 月第 1 次印刷
定 价 48.00 元

《荣成市乡村振兴教学案例集》编委会

序

由荣成市委组织部和荣成市委党校编写的《荣成市乡村振兴教学案例集》即将付梓。这是一次以党校教材的形式，总结县域落实中央重大战略部署探索与实践的很好尝试。

实施乡村振兴战略，是党的十九大作出的重大决策部署。2018 年，习近平总书记在参加十三届全国人大一次会议山东代表团审议时强调，要推动乡村产业振兴、人才振兴、文化振兴、生态振兴、组织振兴，打造乡村振兴的齐鲁样板。这是总书记对山东的殷殷嘱托，为我们做好“三农”工作，提供了根本遵循和奋斗目标。近年来，荣成市坚持以习近平新时代中国特色社会主义思想为指导，深入贯彻中央决策部署和省市工作要求，围绕乡村“五大振兴”，创造性地推动规模农业、新时代文明实践、信用建设、环境整治、基层组织建设等各方面工作，取得了积极成效，形成了特色亮点，同时这些经验和做法来自基层一线、经过实践检验，亟须党的理论工作者进行总结提升。

习近平总书记指出：“党校姓党，决定了党校科研要紧紧围绕党的中心工作展开。”遵循总书记的指示，荣成市委组织部和荣成市委党校坚持“文章合为时而著”，组织全体教师走出校园、深入乡村，用实践阐释理论，用脚步丈量责任。这次编撰的《荣成市乡村振兴教学案例集》，内容涵盖“五大振兴”各方面各领域，选题深入、用例精当，是一部鲜活而有生命力的教材集，体现了党校人深湛的学科素养和深厚的理论功底。希望能够以此为起点，在丰富党校教学内容和形式上不断深化创新，做好理论与实践结合的文章，面向广大党员干部、外地来荣培训班次，用来自一线的生动实践，阐释习近平新时代中国特色社会主义思想，让党的创新理论入脑入心，进一步激发各级党员干部干事创业的精气神，全力推动区域经济社会高质量发展。

30年前，荣成市瞄准“率先过百亿、上小康”的目标，一跃成为“江北第一虎”，走在了县域发展的前列。30年后的今天，荣成市吹响走在社会主义现代化建设更前列、争当新时代现代化强省建设县域范例的号角。这需要我们始终坚持以习近平新时代中国特色社会主义思想为指导，拉高工作标杆，深化改革创新，在全面从严治党、双招双引、精致城市、乡村振兴、社会治理、改善民生、共同富裕等各个领域攻坚突破，迈出奋进新征程、建功新时代、建设现代化新荣成的坚实步伐。

威海市政府副市长
中共荣成市委书记、党校校长　[signature]

目　录

产业振兴

人才振兴

文化振兴

产业振兴

村企共赢之路

——荣成市青鱼滩社区村企合作共同发展的探索

迟艳艳

【引言】

2018年3月8日，习近平总书记在参加十三届全国人大一次会议山东代表团审议时强调："要充分尊重广大农民意愿，调动广大农民积极性、主动性、创造性，把广大农民对美好生活的向往化为推动乡村振兴的动力，把维护广大农民根本利益、促进广大农民共同富裕作为出发点和落脚点。"

【摘要】

在荣成市，有一个名叫青鱼滩的地方，这里的人们以海为生，祖祖辈辈耕海牧渔。但随着近海渔业资源的减少，百鱼上岸的场景如今在青鱼滩上已经不见了。从20世纪80年代开始，由于海上渔船数量渐多，过度捕捞严重，鱼虾资源几近枯竭。近年来，寻山街道青鱼滩社区依托农业产业化国家重点龙头企业——寻山集团，与周边几个村合并，探索出了一条村企合一、以企带村实现乡村振兴的致富之路，实现了村集体经济转型，促进了村民共同富裕。

【关键词】

转型　村企合作　共同富裕　生态良好

荣成地处山东半岛最东端，三面环海，海岸线长500公里。在荣成绵长的海岸线中，有一处深入海中的陆连岛。这片陆连岛位于如今的寻山街道，是青鱼滩所在地。2001年，荣成市以青鱼滩村为基础成立了青鱼滩社区，经过多年的发展，社区居民和城里居民一样住着楼房、享受着花园般的社区环境。一个靠海吃海的小渔村是如何发展成为今天远近闻名的富裕村的？

整合：凝聚人心 奠定发展基础

几十年前，每逢谷雨前后，桑沟湾和爱伦湾交汇处都会出现让人震撼的场面——成群的青鱼聚集在海湾产卵。海湾里，鱼儿打漂跳跃，此起彼伏，青鱼滩村因此而得名。居住在这里的村民也因此受益，借着丰富的海洋资源靠海吃海。然而，进入 21 世纪以来，因近海渔业资源枯竭，捕捞业严重萎缩，以捕捞业为基础的冷藏、加工、运输等产业随之陷入发展困境，导致村集体经济连年亏损，资不抵债，一度连村民工资都难以兑现。2003 年，时年 36 岁的李长青接任寻山集团董事长，带着发展经济造福百姓的情怀，带着父老乡亲的期盼，回村当起了村支书。

肩负着寻山街道青鱼滩村支书和寻山集团有限公司董事长的双重重担，李长青积极谋求新的思路，将村集体的发展纳入公司的规划中，探索村企互利共赢的新路子。他心想村集体要发展，首先必须解决村集体负债、工资难以兑现的问题。基于这样的判断，李长青认为首先要将群众的心稳定下来，将群众的心聚拢起来。依托寻山集团的经济发展优势，他积极推动村企合作，帮助村集体偿清对村民的各项债务，这一举措不但减轻了村集体的负担，而且重新凝聚了人心，为下一步发展奠定了基础。将村里债务还上之后，他又思考着原先因资不抵债很多企业倒闭，农民失业的问题。要想解决村民的问题，必须让村民能有自己的收入，实现村企之间良性的互动。从 2003 年开始，寻山集团先后将黄家庄村、大水河村、万石耩村、亮甲沟村、福台山村、小桥村合并进来。加上 1992 年、1993 年先后合并的樊家庄、罗山寨村，寻山集团先后将周边 9 个经济欠发达村纳入公司一体化发展。根据各合并村不同的情况，采取不同的经营策略，但是首要原则就是村企账目独立。合并后，各村的集体资产所有权仍归村集体，村民仍可保有口粮田，若自愿放弃耕作或年迈无力耕作，则由集体统一规划耕作。村属资产以及村集体或村民个人的土地开发耕作所得收益，仍归村集体所有。

寻山集团本身就是涉海企业集团，已经积累了多年的涉海产业发展经验，因此，在20世纪90年代村企合并探索阶段，寻山集团首先选择沿海村作为突破口，合并后可以快速带动弱村发展壮大涉海产业，突破发展瓶颈。樊家庄、青鱼滩、罗山寨等沿海村拥有近海捕捞、冷藏、加工等产业，然而随着近海渔业资源的枯竭，各村相继放弃发展捕捞业，进而导致冷藏、加工产业的原料供应短缺，相关企业基本处于濒临倒闭的境地。合并后，寻山集团根据村内企业的经营状况，对发展前景渺茫的资产进行清算变卖；对村集体暂时无力经营的资产，采取对外出租的方式维持经营，减轻村集体的成本压力。另外，寻山集团积极运用自己的技术优势和管理优势，结合被兼并村的土地、海域等资源优势，合力发展现代渔业。

内陆村的土地和劳动力资源都较为丰富，在合并前基本都无村属企业，村集体没有稳定的收入来源，居民多以种地为生，发展极为落后，部分居民房屋老旧不堪。为了能从根本上改善村民的居住条件，提高生活质量，寻山集团规划建设一处新型中心社区，将兼并村居民全部搬迁集中居住，让居民享受城市化的硬件条件和配套服务。通过综合协调各村的土地资源，寻山集团成功争取到了山东省土地增减挂钩试点名额，对地处山区的各村宅基地进行统一规划复耕，在地理位置较好的沿海村“置换”土地建设中心社区。目前已经完成了青鱼滩、樊家庄、罗山寨等村的旧村改造，并完成了黄家庄、大水河等村的整体搬迁工作。搬迁中，寻山集团对居民宅基地按3万元/块进行补偿，原有房屋评估折现付给户主，新楼房以约1200元/平方米的低价向搬迁户出售，入住后可享受水、电、暖及口粮等补助。各村居民仍继续保有原来的口粮田，大水河、黄家庄两村的居民在整体搬迁后，因寻山集团提供的口粮补助（每人每年600元）远超他们本来种地的收益，村民均放弃耕作。本着充分利用土地资源的原则，在征得村民同意的前提下，寻山集团对两村原来的耕地进行了统一规划、耕作，原有的荒山也开发建设了三优富士基地和苗圃基地。通过搬迁和统一机械化耕作口粮田，大量的劳动力从农业生产中解放出来。

转型：理念创新 推动产业升级

寻找产业发展新“支点”，成为摆在李长青面前的第一道难题。假如沿着捕捞业及其延伸产业链发展，短期内仍有相对可观的收益。但如果一直按照原先的思路发展，一定会走入“死胡同”。转型是必须的，但是怎么转？向科技要生产力，向环境保护要生产力。他提出了“科技兴海，以养兴渔”发展战略：依靠科技进步，大力发展现代海水养殖业，卸载资源与环境压力，推动产业转型升级。

为凝聚全员共识，李长青先后召开党员大会和村民大会，充分发扬民主，集思广益，最终大家一致同意李书记的想法。发展思路敲定后，他多次奔赴北京、上海、青岛等城市，与中国海洋大学、中国农业大学、中国科学院海洋研究所、中国水产科学研究院黄海水产研究所、上海理工大学等科研院所建立起了“产学研”合作关系，建起了国内唯一的“国家海产贝类工程技术研究中心”，搭建了院士工作站、博士后科研工作站，聘请了包括唐启升、包振民等十多位国内著名专家，培养起了一支100多人的专业技术人才队伍。该中心先后承担实施了16个国家海洋“863计划”项目、1个国家“973计划”项目和4个国家科技支撑计划项目，先后培育出“寻山1号”皱纹盘鲍、“爱伦湾”海带、“蓬莱红”和“蓬莱红2号、3号”栉孔扇贝等多个优良新品种，创造了鲍鱼单位水体育苗量的历史最高纪录。依托科技优势，顺利建起了8万多平方米水体的海水养殖良种培育基地、6.8万亩生态养殖基地和海产品精深加工基地，年培育海带、鲍、刺参、扇贝、海胆、真海鞘等优良苗种20多亿株(粒、头)，海产品年产量近40万吨，其中鲜海带30万吨、鲍1.5万吨，是国内最大的海带、鲍鱼养殖基地和销售集散地。投资约2亿元，建设新型海洋食品加工基地。寻山集团先后被确定为农业产业化国家重点龙头企业、全国科技兴海示范基地、国家级海洋牧场示范区、全国休闲渔业示范基地和全国现代渔业种业示范场等。如今，这里已经发展成为海珍品苗种繁育基地、海上生态养殖基地、海产品精深加工基地、生态休闲旅游基地。

近年来，寻山集团鲍鱼养殖规模逐年扩大，但是受冬季气候的影响，鲍鱼的养殖方式也亟须不断调整。为应对北方冬季低温环境，寻山鲍鱼从2004年开始，在冬季被运至福建连江、莆田等地进行越冬养殖，春季再运回北方。这种“南北转场”养殖方式有效提高了鲍鱼养殖成活率，缩短了养殖周期，促进了效益的增长，也带动了大批福建养鲍户实行转场养殖。为扩大规模，方便鲍鱼的分销，寻山集团投资1亿多元在青鱼滩环海路东端建设了爱伦湾鲍鱼港，总建筑面积达4.5万平方米。爱伦湾鲍鱼港成为北方最大的成品鲍鱼交易集散地，涵盖成品暂养、交易、网络直播、餐饮、旅游、商务等多个板块，直接服务支撑周边10万多亩的海洋牧场。鲍鱼养殖作为龙头产业，带动了海带、龙须菜以及牡蛎、扇贝等关联养殖产品的发展。目前，每年成品鲍交易量达1.2万吨以上，产值10亿元以上，可带动周边增加2000多个就业岗位。

辐射：良好生态 助推休闲旅游

打造海洋牧场，是寻山集团在渔业转型发展过程中的一个缩影。在寻山集团打造的国家级海洋牧场示范区——爱伦湾海洋牧场，设有主题展馆、科普体验馆、海上体验平台、观光电梯等，可满足垂钓、采摘、餐饮、研学等需求，构建起了“游、玩、学、食、购”的休闲渔业发展框架，年可接待游客10万人次，实现营业收入1亿多元，先后被评为“全国精品休闲渔业示范基地”“山东省中小学研学实践教育基地”。除了提供休闲旅游功能外，海洋牧场还有着良种繁育、生态养殖和资源修复等诸多功能，尤其是在生态养殖上，实施了“浅海多营养层次生态养殖模式”，将海带、龙须菜等藻类与鲍、扇贝等贝类按照一定比例合理搭配进行养殖，并在近海养殖海域得到全面推行，实现了减量增收，提质增效。这种新型养殖模式的实施，形成了养殖生物间的相互促进和生态环境的良性循环，对降低二氧化碳总量、控制沿海近岸水域富营养化、改良养殖水域生态环境具有重要作用。尤其是海带和龙须菜接力养殖，不仅解决了海带收割后藻类缺乏、生物净化作用降低易导致富营养化的问题，而且避免了海域资源浪费，得到了广泛推广应用。“浅海多营养层次生态养殖模式”有力地促进了“碳汇渔业”的发展，实现了海洋生产力的高效利用，保障了海域生态安全，真正实现了经济效益和生态效益的和谐兼顾、一体发展，引领了海水养殖产业的发展方向。近几年，浅海多营养层次生态养殖模式累计吸引了全世界30多个国家和地区的专家学者前来学习考察，成了“蓝色海洋绿色发展”的样板。

生态好了，环境变美了，由此带来的辐射效应日渐显现，荣成市依托良好生态打造最美半岛环海“彩虹公路”。在这条公路上，栽有大量薰衣草等花海和草坪，打造出了“一路一景”的花海景观带，吸引了众多市民游客到此休闲摄影、驻足打卡。这条景观长廊，将哈尔滨理工大学荣成校区、爱伦湾海洋牧场、生态绿化公园等一一相连，既装饰了城市，也成为市民健身锻炼、自驾赏景的网红打卡地。该路段配套休息驿站、观景平台等设施，与海洋牧场融合发展，打造文化创意、海上休闲板块。沿途走过，山海在侧，花香为伴，身心都得到放松。尤其在一些沿海村庄，富有强烈胶东特色的海草房，让你不禁想去感受这一非物质文化遗产的魅力。

共享：反哺村民 村企互利共赢

青鱼滩社区是很早就实现“共同富裕”的社区。从 2003 年上任开始，李长青便明确了一个“小目标”，就是要让青鱼滩村民乃至周边村民随着企业的发展实现共同富裕。为此，他始终本着“渔业反哺农业，强企带动弱村，村企互利共赢”的目标，既授人以鱼又授人以渔，努力追求区域共建共富共享。

寻山集团在自身发展良好的同时，积极采取措施促进农民收入持续增长。通过科技创新和产业发展，寻山集团为有劳动能力的村民就地就业创造了大量新的机会，已为附近居民先后提供了 2000 多个就业岗位，职工人均年均收入达 6 万多元，海洋产业一线工人人均年收入达 10 万元，带动了大家增收致富。目前青鱼滩社区居民就业率达到 100%，人均纯收入高于荣成市城镇居民人均可支配收入水平。近几年仅通过鲍鱼养殖产业发展，寻山集团每年就能带动 2000 多人实现就业增收，仅 2021 年寻山集团就向群众支付了 1.1 亿元的临时用工工资，开创了“鲍业富民”新局面。

在促进农民收入增长的同时，寻山集团还积极缩小农村与城市的差别，补齐基础设施、公共服务和保障体系等方面的短板，提升村民生活的品质。按照城市化、现代化的发展要求，寻山集团以旧村改造为切入点，对下属 9 个村进行了统一规划，划分为农业、工业、加工、养殖、商贸服务、居住六个功能区，并且实行了高标准、规范化的开发建设，全方位推进新农村建设。集团投资 3 亿多元实施旧村改造，集中建起总面积 20 多万平方米的成片生活小区，1500

多户居民喜迁新楼房，圆了父老乡亲的安居梦。社区实现了管道天然气、集体暖气和自来水全覆盖，建设了购物、休闲、医疗等各类设施，全面完善社区配套服务。针对一直以来困扰村民的农村环境卫生问题，社区专门成立了一支50多人的绿化保洁队伍，投入200多万元，购置了园林绿化、垃圾清运等设备，建起了污水处理厂等基础设施，生产生活废弃物无害化处理率达100%，让社区居民始终都能在优美卫生的环境里舒心居住，先后被评为“山东省生态文明社区”“威海市绿色社区”。村民们都反映，虽然生活在农村，却能过上和城里人一样的生活，拥有与城里人一样的幸福感。

寻山集团还坚持民生为先，注重完善福利体系，落实社会保障全覆盖，做到老有所养、病有所医、幼有所教。男60周岁以上、女55周岁以上的居民每月都可以领取400—1000元不同档次的养老金，每年还能领取600多元的粮油补助，真正让社区居民衣食无忧；80岁以上老人享受暖气费全额补助，60—70岁及70岁以上老人可以按不同标准享受相应供暖补贴，并且每年给60岁以上老人免费提供300度电以及50方天然气；社区居民新农合医疗保险全部由村集体负担，同时设立伤残、义务教育扶助金，每年用于发放居民、职工福利和公共事业的款项都在2000万元以上。这些举措，让每一名需要帮助的村民都得到集体关爱、共享发展成果，使4800多口人过上了领福利、有医保、享养老保障的幸福日子。

在注重物质富裕的同时，青鱼滩社区还积极加强农村思想道德建设和公共文化建设，丰富群众的文化生活，实现精神富裕。社区经常性地组织居民参加各种喜闻乐见的文化活动，深入开展“传承好家风、争当文明户”活动，让居民传承发展优良传统文化。积极开展移风易俗，树立文明新风，文明节俭办理婚丧喜庆事宜，保持文明和谐民俗乡风。树立敬老爱幼、诚实守信的先进典型，倡导和谐邻里关系、家庭关系，推进农村文化繁荣昌盛，培育了文明乡风、良好家风、淳朴民风。

尾　声

在乡村振兴的大背景下，青鱼滩社区始终本着要实现可持续发展，实现产业振兴，必须树立和践行创新、协调、绿色、开放、共享的发展理念来规划发展思路、勾画未来蓝图。青鱼滩社区通过村企合作、以企带村实现了产业振兴，最终实现了共同富裕，实现了政治效益、经济效益和社会效益的统一。一幅乡村振兴新画卷在青鱼滩社区全面展开，新时代现代化社区建设已全面开启。

研讨题：

1. 青鱼滩社区是如何实现由弱变强、由贫变富的转变的？

2. 通过寻山集团的带动，青鱼滩社区实现了哪些质的变化？这些变化对以后我们推进乡村振兴有何启示意义？

联农带农共同致富

——虎山农业种植专业合作社提质增效的实践探索

王　静

【引言】

2020 年 7 月 22—24 日，习近平总书记在吉林省农村调研考察时，深思熟虑地指出："农业合作社的道路怎么走，我们一直在探索。在奔向农业现代化的过程中，合作社是市场条件下农民自愿的组织形式，也是高效率、高效益的组织形式。国家会继续支持你们走好农业合作化的道路，同时要鼓励全国各地因地制宜发展合作社，探索更多专业合作社的路子来。"

【摘要】

作为荣成市首批成立的农民合作社，虎山农业种植专业合作社从 2007 年成立至今，社员已从最初的 5 个村 620 户，发展到现在的 37 个村 3500 户；入社资金 67 万元，土地入股 1.2 万亩，入社社员平均每户每年增收 3000 元左右；托管土地 3500 亩，流转土地 210 亩；拥有植保无人机 4 架，耕地、打药等大小农机具 20 台，运输车 5 辆。2019 年凭借 1630.9 万元经营收入、盈余返还额 20.5 万元的经营业绩，跻身于"2019 农民合作社 500 强"名单，位列第 34 名，山东省位列第 5 名，是目前威海市最大的农业种植专业合作社。

【关键词】

农民合作社　乡村振兴　高质量发展

荣成市海洋资源优势明显，长期保持"全国第一渔业大县"的称号。与渔业相比，在陆作农业领域，因为农户单独经营，荣成市一直存在着科技创新意识淡薄、新产品和新技术推广速度慢等问题。而建立农业合作社，正是破解这些问题的有效途径。位于荣成市虎山镇的虎山农业种植专业合作社，从 2007 年成立至今，其社员已从 620 户发展到 3500 户，农机具从 1 台套增加到 30 台套，土地经营面积从百亩扩大到上万亩；2019 年虎山农业种植专业合作社入选全国“2019 农民合作社 500 强”。

如何健全联农带农机制，引领带动更多农民走上致富路？怎样促进小农户和现代农业发展有机衔接，走好农业农村现代化之路？ 14 年来，虎山农业种植专业合作社在广袤的农村，不懈耕耘、努力探索着。

选择：农民情怀

说起虎山农业种植专业合作社，就不能不提到它的创始人连建祝。1990 年大学毕业的连建祝被分配到荣成市农业局花生食品厂工作,后来随着企业改制，他谢绝单位的挽留，选择辞职。当时由于农民文化水平低、不懂科学种田，有的贪便宜、图省事，买了奸商小贩的农药化肥种子，造成了减产或绝收，而他们竟连商家是谁都不知道，索赔无门、欲哭无泪。父辈都是地道农村人的连建祝，一心要为父老乡亲做点事，于是他选择了回到农村，回到家乡这片希望的田野上。忆起当初，连建祝说：“村中间的主街道边，有几间闲置的库房，好像就是为我准备的。我把我的想法和村干部一说，他们全力支持，欢迎我回家乡创业。”

父母当初砸锅卖铁、省吃俭用供孩子读书上大学，本指望跳出农门，出人头地，结果好好的“铁饭碗”不端，却回乡务农。对于连建祝的选择，父母是坚决反对的。妻子也抱怨他离家太远，而且很辛苦，也不支持。但是连建祝主意已定，立志帮助父老乡亲走上致富路，最终也赢得了亲人的理解支持。

但是创业的压力也接踵而至。买房子要花钱，办各种执照证件要花钱，简单装修要花钱，找零工要花钱，最初投入的 1 万元积蓄转眼就没了，父母千八百的“小钱”，也都投进去了。要花钱的地方太多了，连建祝只能厚着脸皮，到处跟亲朋好友借钱，最终筹集到了 30 万元的启动资金。2007 年，连建祝的农资门市正式营业，主营化肥、农药、种子，同时义务为乡亲们做农技推广。乡亲们说：“自己村的大学生，卖得还会有假？”乡亲们的信任让连建祝更有动力，顾客越来越多，服务范围也由本村扩大到了外村。

发展：荣成首家新型农业合作社

2006年10月31日，第十届全国人民代表大会常务委员会通过了《中华人民共和国农民专业合作社法》。该法的颁布，标志着我国农民专业合作社建设进入了依法发展的新阶段。2007年10月，在虎山镇政府和荣成市农业局有关部门的扶持下，荣成市“虎山镇农业种植专业合作社”在虎山镇庵里村成立了，这是荣成市首批成立的6家新型农业合作社之一，并且是合作社中现存成立最早、发展最好的。合作社对农民开展土地托管、土地流转、代耕代种、统防统治、智能配肥、农资配送、粮食收购等综合社会化服务。

领衔：共同富裕

入社了，合作社能给乡亲们怎样的实惠？社员一开始半是怀疑，半是期待。2009年，化肥市场紧张，一片涨价声。向化肥厂家提前预订的碳氨，每包由27元涨到42元。连建祝跟厂家反复磋商都不行，厂家劝他跟着涨价。但是几经挣扎，反复权衡，连建祝觉得厂家涨价不是违约的借口，还是不能涨价。到了秋种的时候，其他经销商都跟着涨价，而连建祝却把化肥按原价送到社员们的家门口，社员们庆幸每包省了15块钱。用钱买口碑，有些人说连建祝傻得不行，而更多的人说跟着连建祝吃不了亏。

合作社还直接从化肥厂商、种子供应商处进货，把中间环节的流通利润让给农户。比如化肥，比市场每吨低200元。微肥，增产效果明显，可乡亲们不知道也不会用。就由合作社出配方，化肥厂生产配方肥，肥效提高了，价格却不变。

除此之外，合作社也逐渐探索出了农产品保护价收购服务，为社员带去实实在在的好处。一个社员说道：“连社长为不愿种地、不能种地的农民带来了希望。虎山合作社成为真正意义上的‘田保姆’。”

“合作社要当好‘田保姆’‘田管家’，就要解决小农户办不了、办不好的事情，把小农户纳入现代农业的发展轨道中来。”连建祝说。

进步：生产作业科技化

合作社成立以后，每逢赶集的时候，到合作社咨询的乡亲格外多。有的人带着发病的植株或照片，有的人则反映合作社的农药化肥造成了粮油作物的减产。2010年6月下旬的一个黄山集，社员隋道龙带着几株发病的花生苗找到连建祝咨询，连建祝和社员一起到了他的花生地，详细了解发病原因，发现是因为上一季玉米除草剂打得不好，没有控制住杂草，又接着打除草剂，间隔期太短，给下一季种植的花生造成了药害。社员们这样的案例有很多，有的则是长期对化肥过度依赖，造成土壤酸化板结，导致农作物减产。

针对这种情况，也为了更好地指导农民科学种田，在虎山镇政府及荣成市农业部门的帮扶下，2010年，连建祝投资10万元建起了土壤农残化验室，配备技术人员4人、机防队12人、农资网点24个，织成了一张为社员提供更为精确服务的网络。连建祝引领合作社不断摸索科技服务模式，组建了农产品检测中心，指导广大农民因地制宜种植优良作物。

虎山镇地处荣成市的西南端，离荣成市区40公里。农民参加市里的培训不方便。合作社就把专家教授们请来，把荣成市农业局、荣成市科协请来，到虎山承办科技培训，年培训农民辅导员33人、科技示范户100人、新型农民600多人。为农户在农机服务、种子选配、农资选择、农技指导等方面提供线上线下点对点服务，实现了技术指导的安全便捷。他还有针对性地加强对农资产品等识假辨假的宣传，严防假劣农资坑农害农，让农民用上放心种、放心药、放心肥。大型植保农机、自走式喷杆喷雾农机的应用提升了农忙作业效率，避免了人员的聚集，节省了人力成本。

同时，合作社还聘请科研院校教授作为技术顾问，常年为社员提供免费的技术咨询。2018年，建设“五个齐备”农科驿站后，合作社联合中央农业广播学校威海分校、威海市农业科学院、山东省农业科学院、山东省科学院、青岛农业大学等院所的专家教授组建了学科齐全的驿站培训教师队伍。自驿站成立以来先后培训20余场次，培训人数达1000人以上。

2019年7月，连建祝联合省农科院、威海市农科院专家及自己的服务团队共同成立了拥有常驻科技特派员 11 人的科技扶贫服务队，服务范围涉及上庄、荫子、崖西、滕家共 4 个镇 20 个省定扶贫村。连建祝还投入人力、物力、资本、技术对建档贫困户实施科技示范户计划，目前已结成帮扶对子 16 个，每户年收入增加 3000 多元，并免费为农户提供农业生产资料，实行一对一技术跟踪指导服务。2020 年在开展小麦病虫害统防统治工作中，连建祝的科技扶贫服务队为滕家镇 9 个村提供了全免费作业，为村民节省了资金和劳动力成本。

连建祝在品种选取、技术指导方面加大投入，全面提升合作社服务的机械化、科技化水平，提高入股社员及服务对象的技能素质。目前合作社拥有 18 公斤植保无人机 4 架，大型水旱自走式喷杆喷雾机 15 台，小麦收割机、播种机、深耕深松机等农业机械 15 台套，农机手 30 人。2018 年，合作社推广新品种“青花 5 号”花生，种植面积达到 3000 亩，克服了花生空果的难题。

在农技推广上，连建祝利用农闲和集市，深入每一个村开培训班，推广新品种。他把专家们最新培育的花生、小麦、玉米良种，让社员试种，做他们的良种繁育基地。

通过与科研院所建立密切的产学研合作关系，合作社打造了规模化良种繁育基地。基地承担了山东省花生品种对比试验项目、荣成市万亩花生良种繁育项目、国家高油花生试验课题等重点项目，建成西洋参绿色栽培试验示范基地100亩、花生新品种实验基地10亩、花生良种繁育基地900亩、玉米新品种试验基地40亩，是青岛农业大学和威海农科院新技术示范基地。目标试验花生、玉米、小麦、西洋参等新品种6个，大面积推广4个，推广面积20000亩，提高亩产量20%以上。实现了西洋参绿色生产，降低和减缓了西洋参种植过程中的重茬问题，带动了西洋参种植规模的扩大，提高了绿色防控标准化技术的覆盖。

社员们用了专家教授们提供的花生高产栽培技术，获得丰收。2009 年，合作社带领种植的 8 亩高产攻关田，亩产超过 1100 斤；推广的 500 亩高产示范田，亩产超过 1000 斤，其中 4 亩花生田亩产高达 1130 斤，在全省的高产地块中排名第二。而荣成市当时花生平均亩产量是 600 斤左右。繁育出来的花生良种，合作社全部回收，每斤回收价格高出市场 1 块多。

壮大：多元化实现共同富裕

为了提高农户入社的积极性，增加合作社的凝聚力，连建祝除了在农技推广方面给予支持外，还采取入股分红、入股自愿、退股自由的形式，来增加入社的人数。社员入股要求不高，本金不多，入股少的不低于 100 元，多的不超过 1000 元。社员们踊跃响应，入社农民 3500 多户，遍及虎山镇 37 个村，服务辐射的农民达到 15000 户，遍布上庄、滕家、人和、王连、城西、荫子、崖西等 10 个镇区。从 2008 年开始，合作社每年都对社员给予股金 10% 以上的分红，已经累计发放红利 80 多万元。在 2018 年年终分红大会上，虎山村社员李远志作为黄山村的理事，为黄山村 45 户入社社员发放分红 4500 元，领到钱的李大叔高兴得合不拢嘴，夸赞合作社为农民带来了实惠，也希望合作社今后越做越好。

在合作社成立之初，连建祝就大胆地提出“超市与农产品零距离对接”的销售发展思路，努力推动“农业龙头企业 + 合作社 + 基地”的农产品流通模式，积极协调大型连锁超市、食品加工厂直接与合作社社员产销对接，为社员们培植了一条“公司 + 农户”的增收产业链。这些措施在克服了社员种植盲目性的同时，有效解决了销售难的问题，使产品向价值链的高端不断攀升。2010 年，合作社与好当家集团签订种植协议，建设 10000 亩绿色食品花生、1000 亩甘蓝、400 亩糯玉米、100 亩生姜的生产基地，这样既保证了农户的销路，又为农业龙头企业提供了优质的原材料。入社社员平均每户较非社员每年增收 3000 元左右。

当外出打工与种地不能兼顾时，社员邱大叔选择了“带地入社”，将自家承包的耕地入股合作社。邱大叔在荣成市区一家单位干物业，地里的活都交给妻子打理。平时妻子一个人尚能应付，可到了农忙时节，大叔还得回家帮忙。“过去，一到农忙就左右为难。请假，影响绩效奖金；不请假，会耽误农时。”其实不少村民都有过这样的烦恼，两边跑、两头顾，成了一些村民的生产生活常态。“有需求，就有商机。”合作社推出托耕代种服务。“耕地、播种、植保、收割……合作社全部代劳。”带地入社后，邱大叔再没因农忙请过假，最近几年连续拿到单位的全勤奖。

“农民外出打工，合作社为农民打工。”目前，合作社已由组建之初的

160户社员发展到3500户。

在连建祝的推广下，合作社探索出了带地入社、土地租赁、土地托管3种合作经营模式，将分散的“补丁地”聚成“整块田”。目前，合作社经营的耕地中，以土地入股、收益共享、风险共担为主要形态的带地入社模式有1.2万亩；以土地流转为主要形态的土地租赁模式有210亩；以农业社会化服务为主要形态的土地托管模式有5000亩。“一家一户的分散自耕变为规模化经营，给大农机进场创造了条件，既为农田增效，也为农民增收。”连建祝介绍。入社社员土地纯收入比未入社农民增收20%左右。

一分耕耘，一分收获，合作社得到社员们的响应、上级领导的肯定，也收获了荣誉。合作社先后获得国家农民专业合作社示范社、全国科普惠农兴村先进单位、青岛农业大学花生新品种试验基地、威海农科院“新品种、新技术”试验示范基地、山东省农村信息化应用示范单位、威海市农民科技教育实训基地等荣誉。合作社理事长连建祝也先后被评为全国农村科普带头人、山东好人、中国好人、齐鲁乡村之星、荣成市道德模范等。

尾　声

众人拾柴火焰高。虎山镇农业种植专业合作社，点燃了社会各界助力农民合作社高质量发展的热情，为提高农民合作社发展质量和水平提供了新的实践探索。

连建祝说：“面对荣誉，我诚惶诚恐，如履薄冰，我知道这是对我这些年工作的肯定。同时我更知道，自己要时刻保持警醒，不能辜负上级的培养和乡亲们的信任，要更加努力地工作，把更多的农民吸引进来，抱成团闯市场，让虎山的农产品走向全国，让社员的钱袋子鼓起来，脸上的笑容多起来。”

2019年“中央一号文件”将农民合作社列为重点扶持的两大新型农业经营主体之一，明确提出“要开展农民合作社规范提升行动，深入推进示范合作社建设，建立健全支持农民合作社发展的政策体系和管理制度”。2021年“中央一号文件”提出“推进农民合作社质量提升，加大对运行规范的农民合作社扶持力度”。

沐浴着乡村振兴战略的春风，连续秉持“全心全意为社员服务，带领社员共同致富”初心的虎山农业种植专业合作社，不断探索拓宽合作社、振兴乡村的致富路，如今正在高质量发展的道路上越走越远。我们期待，在全面推进乡村振兴的过程中，农民合作社越来越规范，“朋友圈”越来越多元，道路越走越宽广！

研讨题：

1. 虎山农业种植专业合作社是如何为农民服务，带领农民走上提质增效的共同富裕路的？

2. 一个健全的农民合作社应该为农民提供哪些服务？

一枚苹果的产业变革

——悦多果业农业现代化的实践探索

王 静

【引言】

党的十九届五中全会吹响了"优先发展农业农村，全面推进乡村振兴"的时代号角，2020年中央农村工作会议指出："要深入推进农业供给侧结构性改革，推动品种培优、品质提升、品牌打造和标准化生产。"

【摘要】

山东悦多果业有限公司，始于2013年，注册资本2050万元，基地位于荣成市夏庄镇甲夼曲家村北。目前，已建成占地2300亩的现代化苹果种植基地，先后投资1.6亿元，建有2300亩现代化有机苹果种植基地、1.2万吨高端气调仓储中心、6000平方米食品级加工分选车间。公司致力于打造集现代化苹果种植、销售、加工、贮存、科研示范、良种繁育、休闲观光及采摘于一体的现代化高效农业产业示范园。公司主导产品品牌为"悦多""雀斑美人"等，公司先后获得山东省省级农业标准化生产基地、林业龙头企业、农业产业化市级重点龙头企业、现代苹果产业标准化基地、中国果品供应链品牌企业等荣誉称号，并通过了有机产品认证、GAP认证、绿色食品认证、出口资质备案等。2019年，悦多果业的"雀斑美人"获评"中国农产品百强标志性品牌"。2020年，悦多果业入选中国果品品牌价值评估榜，自主品牌价值6800万元，成为苹果行业的领军品牌。

【关键词】

农业供给侧结构性改革　农业现代化　品牌建设

在当前北京最高端的进口水果超市——华联商超 BHG 的苹果专卖区最醒目的位置上，摆放着两种苹果，一种是来自新西兰的“爱妃”，被誉为“苹果之王”，标价 49.8 元 /2 枚；另一种苹果，名字叫“雀斑美人”，标价 49.9 元 /2 枚，而这位“雀斑美人”就来自山东荣成的悦多果业。

中国是世界苹果的主产区，产量约占世界总产量的 50%。苹果更是中国农村最传统的种植品种。据统计，全世界苹果品种达 1 万多种，全国常见苹果品种 100 多个。“雀斑美人”凭什么在众多品种中独领风骚？她有着怎样的前世今生？在国产苹果只能作性价比的普遍观念下，她到底哪里与众不同？作为一个农业品牌，悦多果业的实践，对农业供给侧结构性改革、农业现代化，有着什么样的启迪？

“雀斑美人”的前世今生

苹果一直是山东果业的骄傲，但是近年来，迅速崛起的陕西苹果后来居上，在苹果的种植面积、产量、品质等方面反超山东，山东苹果岌岌可危。山东果农们种的苹果品种大多还是红富士，品种单一，竞争压力大。如果多品种经营，是不是可以满足不同经销商的需求？

2017 年，海外归来的悦多总经理宋楠看上了另一个品种——王林苹果。在国外偶然吃到这种苹果，特殊的口感一下打动了他。相对于富士苹果，王林苹果的果香味十分浓郁，甜度高 4 度左右。宋楠想把王林苹果拿回来种植，可是当他在家乡打听一圈后，很多果农却劝他不要种这种苹果。20 世纪 80 年代开始，荣成的果农也曾经尝试着种“王林”，但是“王林”因为种植难、产量低、种出来的口感不好，渐渐被大家淘汰了。

同样的品种，为什么果农种不出那种既香又甜的王林苹果？宋楠找到农业专家，通过对果园的土壤进行分析，发现果农的果园土壤有机质含量低，自然种不出理想的王林苹果。

找到了问题所在，宋楠不着急种苹果，而是先用有机肥改良土壤，再种植王林苹果。宋楠成功改变了农户们种不出来王林苹果的旧观念。

王林苹果原产日本福岛县，是日本青苹果中最好的品种之一，1952 年被命名，日文意思为“苹果界的国王”，1978 年被引入中国。“王林”是由金冠和印东杂交的品种，呈暗黄绿色，成熟时会出现明显的果点。11 月中上旬成熟，属于晚熟品种。王林苹果香气丰富、甜度很高、果肉细腻。悦多果园的“雀斑美人”是王林苹果的升级品种。悦多在引进王林苹果初期，因为过早脱袋，苹果接受日照时间更长了，苹果由黄绿色变成了红色。也正因为光照更多，苹果的口感变得更香甜了。由此造就了“雀斑美人”之美。

“自然香，阳光甜，超细腻”是“雀斑美人”的身份标识。“雀斑美人”有着综合水蜜桃、梨、苹果的独一无二的丰富香气；由于北纬 37 度的长时间充分光照，果皮青中微红，积累甜度最高可达 18 度；有机质含量高达 1.8% 的土壤，使苹果有着细腻的口感。

王林苹果的亩产量只有六七千斤，比起红富士平均每亩要低 3000 斤，如果卖的价格和红富士一样，那就不划算了。宋楠需要为王林苹果找到一条新的销路。2017 年宋楠在北京看到一些高端商超的水果柜台时，他发现机会来了，在这里摆放的苹果能卖到八九元一个，宋楠觉得如果自己的“雀斑美人”能摆到柜台上，一定能卖个好价钱。可是当他找到超市负责人讲了自己的想法后，人家直接拒绝了他，人家只卖进口水果，不卖国产水果。这该怎么办呢？这时宋楠无意中在柜台上看到了“褚橙”在销售。宋楠想，“你们不卖国产货，但是这个国产的橙子，你们还是很认可的。国产橙子既然能进去，我们的苹果也不比他们橙子差，那我们为什么进不去呢？”于是宋楠辗转找到了“褚橙”背后的品牌策划人。策划人品尝了悦多的苹果后，也认可了这个产品。于是在策划人的组织下，他邀请了北京数家高端商超的采购经理到悦多果园实地考察。通过现场体验品尝后，有部分商超的采购经理决定先试销一个月，由此打开了王林苹果的销路。王林苹果每年产量 200 多万斤，产值达到 2000 多万元。

2018 年 11 月 3 日，悦多为“雀斑美人”举办了一场隆重的首发仪式，与多家渠道商签订了合作协议。2019 年“雀斑美人”获得“中国农产品百强标志性品牌”荣誉称号。

“雀斑美人”到底有多火？时至今日，“雀斑美人”已经进入中国 80% 的高端超市，还被摆在了最好的位置，“雀斑美人”已经成为北京耳熟能详的高端水果渠道里的明星产品，经常出现供不应求的现象。这些渠道不仅限于BHG、OLE、盒马鲜生、Jenny Lou's、小象生鲜、本来生活等，还有上海的天天果园、Cityshop、久光、绿地 G-super 等高端鲜果渠道。

悦多果业的产业化之路　得天独厚的生长环境

荣成，位于北纬 37 度，世界四大苹果黄金产业带之一。这里气候温润、四季分明，年均蓝天白云天数达到 342 天，年自然光照时长超过 2600 小时，富磷土壤广布。独特的地理条件、清新的海风、充足的阳光、肥沃的土壤，让荣成成了苹果健康成长的天然乐园。

荣成苹果是山东苹果的主要产区之一。荣成自 1888 年开始栽种苹果，已有 100 多年的栽培历史。目前，荣成苹果种植总面积 28 万亩，其中现代矮砧集约栽培面积 16.8 万亩，是全国现代矮砧集约栽培面积最大和管理水平最高的县市。荣成市先后被农业农村部确定为全国 50 个苹果基地县之一、全国 66 个苹果重点基地县之一、全国首批现代苹果标准园创建单位之一和山东省优势农产品果品生产基地，同时也入选"全国现代苹果十强县市"。"荣成苹果"获得农业农村部农产品地理标志登记，入选农业农村部"最受消费者喜爱的中国农产品区域公用品牌"，"荣成苹果"蜚声海内外。

荣成现代苹果种植面积达到 10 万亩，年苹果产量 20.4 万吨，产值 10 亿元。悦多果业是荣成苹果产业高质量发展的典型代表，2019 年苹果销量 6900 吨，销售收入 5200 万元。

立志做农业的初衷

2012 年，悦多果业的创始人宋文民和在加拿大留学的儿子宋楠拜访了位于美国华盛顿州的一个现代化苹果农场，第一次看到漫山遍野的苹果园和全自动的分选包装工厂时，有种颠覆性的震撼。华盛顿州是世界优质苹果产区，已经全面推行了苹果矮砧密植栽培技术。果园里每一行果树间都有着巨大的间隙，树下是整齐排列的滴灌管道，树中间甚至能跑开大型的农业作业车辆。包装车间中，所有的苹果全部经过清洗，由机器按照不同标准自动分选，贴上统一的品牌标签，配送到市场。农场主说，中国果园的情况和他们几十年前的果园情况差不多。从那时起，父子俩就决定试着把这种新型的模式和最好的技术带回中国，着手研究怎样在中国种出更好的苹果。

自从有了这个想法后，宋楠就开始对这个行业进行详细的调研。中国是苹果种植大国却不是苹果种植强国，苹果产业无论是从生产端还是从商品端，基本还停留在二三十年前的水平，存在着很多的弊端：技术落后、品种单一、品质不稳定、品牌缺失，供应端存在明显的供大于求的局面。这导致市场无序竞争，最后频繁出现滞销，损伤了果农的利益。

在参照了新西兰“佳沛”奇异果这个案例后，宋楠发现品牌农业其实是一片蓝海，存在着巨大的机会，只要方向正确，完全可以实现企业、农户双赢的局面。在荣成市政府和市农业局的政策引导与扶持下，2012 年末，宋文民成立了悦多果业有限公司，从周边农户手中流转了 2000 多亩土地，引入现代化的种植模式，开始投身到农业创业中。

艰难困苦，玉汝于成

农业作为全世界最难的行业之一，其创业远没有想象的那么简单，不是凭着一腔热血就能完成的。由于没有做好充分的前期论证，悦多果业在现代农业的道路上也走过很多弯路。比如品种规划、资金规划、技术团队规划等等，在这些方面悦多果业都没有做好充分的准备。由于过去“富士”太多，得换“王林”或者“维纳斯黄金”，所以即使到了富士盛果期，也要把它们忍痛砍掉，置换成新品种。

再比如苗木的采购方面，因为缺乏专业知识，果园购买了带有病毒的苗木。眼看树上就要挂果，迎来丰收的时刻，果园里突然爆发了虫害，“一开始对种苗不了解，在购买种苗的时候混入了带虫的种苗”，“虫害有传染性，如果不伐掉带虫的种苗，整个果园都会遭殃”。悦多忍痛伐掉了 200 亩土地的果树，直接经济损失超过 1000 万元。

“投资农业最大的成本是试错。”农场如战场，投资农业就相当于领兵打仗，不能一下子把全部队伍压到前线去，要留足预备队，来应对各种不确定因素。宋文民说："依我现在的团队基础，如果要想种 1000 亩果园，必须得准备 3000 万元的资金。"

好不容易到了苹果的盛果期，销售却是一大难题。采摘旺季每天入库 20 多万斤苹果，却只能卖出几千斤。销售问题不解决，意味着起初投入的亿元资金将会付之东流。

除此之外，投资农业最大的难点在于技术。宋文民说："苹果不同于其他的农产品。像小麦只存在产量上的差异，成本一样、价格一样，产量决定收益；而苹果的价格却相差很大，好的苹果可以卖 7 元 / 斤，差的苹果可能就卖 0.7 元 / 斤，价格相差几倍，品质决定收益。所以从一开始决定种苹果的时候，我就想到要种最好的苹果。"

工业化理念打造"最好的"苹果

第一好：产品好。

好苹果需要种植。"好苹果是种出来的"，悦多果业把这句话奉为圭臬，只有种的好才有可能做出品牌。"苹果不好吃，一个很重要的原因是土壤中的有机质不够了。"宋楠介绍说。在整地的时候他们对土壤进行了调理，"深翻土，把深层土和表层土进行交换，再增施有机肥，然后把种苗栽下去"。比如有机肥，一开始是采购成品有机肥，但是后来发现在有机肥的制作过程中，不能完全把控有机肥的品质，最后悦多决定自己来做有机肥、研究配方，对进口的菌群进行长达一年的发酵，做无害化处理。利用生物菌发酵技术，制造生态有机肥，每亩地年施肥十多立方，增加土壤有机质含量。定期测试土壤成分，科学增施土壤调理剂，调节土壤酸碱度，使土壤更适合苹果的健康生长。利用物理防治设施，在园区布置大量的杀虫灯、粘虫板、性引诱剂、诱虫盒等装置，同时采用生物方法进行植保防治，保障苹果食用安全。建设沼气生态循环工程，通过沼液滴灌、叶面喷施、沼渣增施土壤等技术，提高地力，实现畜粪—沼气—苹果的绿色生态循环。以行间生草、秸秆还田技术，达到增肥保水、改善果园小气候的效果。

没有标准的农业绝对不是现代农业。在工业里，所有产品的生产加工过程都是有统一和高质量标准要求的。对于打造农业品牌来说，必须要形成标准化的品质输出，不能一批一个样、一年一个样。如果做不到，那就是小农业，是原始和落后的农业。所以悦多先后建了1.2万吨的高标准冷库和6000平方米的出口车间。当然，农业和农产品的标准不可能像工业品标准那样绝对和刻板，它有它的重点和特点，比如苹果的含糖量可能比外观的圆度重要。同一棵树，因为光照不同，树的阴面和阳面结出来的苹果的含糖量是不一样的。含糖量虽然看不着，但是标准要严格。

好苹果是种出来的，但种出来的不一定都是好苹果，“同一棵树上的苹果最多能分成9个等级，价格能相差30倍”。那么如何保证消费者吃到的每一个苹果都是让他们满意的好苹果呢？为此，悦多斥资千万从法国引入世界上最先进的Maf Roda果品全自动分选机，对苹果实行标准化分选。

苹果在机器上经过清洗、抛光等环节后，会来到一个地方，这个地方不断发出亮光。这是机器在给苹果拍照，每一个苹果都要被拍摄32张照片，每一张照片都对应一个数据，包括尺寸、颜色、质量等，相当于给苹果做了一个全身CT。拍照之后的另一个重要环节是测糖，机器通过测糖仪测定每一个苹果的糖度。根据测得的数据，机器将苹果送往不同的分拣线进行封装，封装后的苹果进入不同的销售渠道，到达不同的消费者手中。悦多果业生产的每一个苹果都要经过分选机的分拣。

“好苹果是种出来的，也是选出来的。”一千个人眼中有一千个哈姆雷特，靠人工根本无法对苹果进行标准化分级，而没有统一的标准就不能形成品牌。机器能把苹果分成30个等级，确保消费者吃到的苹果都是一个味道，“保证了品质，才能有品牌”。

第二好：科技好。

悦多在创立之初就确立了“苹果产业特色化，特色基地庄园化，庄园经济品牌化，品牌效应市场化”的发展理念，选择了高起点定位、高标准建设的发展道路。通过努力学习世界先进的现代农业技术，打造世界先进的现代化种植基地。

走进悦多果业的苹果种植园，一行行苹果树排列得整整齐齐，如同威风凛凛的战士，看上去十分壮观。当初让父子二人感到震撼的国外果园宽行密植的种植方式，在这里已经全部得到实现。“行距达到 4 米，能跑开大型农业机械，还可以增加光照和透气性，这有利于苹果糖分的沉淀；株距 80 厘米，密植能提高土地的利用率，增加产量。”通过这种模式，悦多苹果直径 80 毫米以上的优质果率达到 80%，比传统果园提高 20%；园区亩产量达到 8000 斤、产值达到 1 亿元，比传统果园提高了近 1 倍。悦多果业的苹果种植园成为与欧美并肩的高标准现代苹果示范园。

巨大的行距并没有被浪费，上面覆盖着一层厚厚的杂草。草是特意种下的，草既能保温蓄水，增加土壤的透气性，到冬天还能变成优质的有机肥。

每棵果树的树干上都贴着条形码，树枝上一些五颜六色的卡片在随风起舞。“条形码作为每棵果树终生唯一的标识，是它们的‘身份证’。树枝上悬挂的卡片记录了每一项作业的名称和作业工人的姓名。”宋文民说，“实行编码和标签管理，能够让整个苹果的种植过程实现可追溯。”

原本只是想引进国外的苹果种植技术，但是为了种出最好的苹果，悦多已不满足于此。“美国的机械化作业，日本的精细化管理，以色列的水肥一体化技术，”宋文民说，“悦多几乎把世界上用在苹果种植上的先进技术都拿过来了。”

第三好：管理好。

现代农业一定是整合引进工业、IT 的技术和管理，以及集约化应用，不断研发和应用新技术。悦多实现了以工业化的管理理念管理果园，有一套非常标准的 SOP 标准化流程，形成了“规范化指标—方案—培训—实践—独立作业”的管理流程。

在智慧化管理方面，悦多投资 1500 多万元，建成了智能化综合管理平台，安装了电脑远控操作系统，配备了土壤温湿度自动检测设备，购置了自动采摘机、无人喷雾机、沼气喷洒机等先进设备 30 多台，实现了喷药、施肥、割草、深松、耕翻、灌溉等全部环节的自动化，将自然因素对果品的影响降到最低，真正实现稳产、高产、高效。目前，悦多的机械化作业率达到 100%，节水率 70%，节肥率 80%，用药量下降 70%，亩产效益达到 2.5 万元，是传统果园的 5 倍。

“三好”凑在一起，成就了悦多优质苹果。品质好，是悦多果业的优势所在，但是不仅要种得好，还要卖得好，这样才能撬动收益的杠杆。把农产品像工业产品一样管理、种植，实现全程标准化操作，采用全新的分拣系统、快速无损糖酸检测技术……保证能进入市场流通的产品都品质达标，果实成熟度、糖度、大小均一致。这样种出来的苹果好吃，但成本也高，售价自然也要高。

好苹果并不能自然卖出高价。对于MBA专业的宋楠来说，营销是他擅长的。思路决定出路，品牌决定前途，品牌化是农业现代化的重要标志，是农产品未来的发展趋势，硬核的品牌也是企业最大的护城河。悦多果业已经形成了悦多富士、风霜蜜、雀斑美人、黄金富士、维纳斯黄金等品牌，品牌化营销也让悦多的产业化之路越走越宽。

三产融合拉长产业链

悦多果业坚持把二、三产业作为推动苹果产业高质量发展的关键，投资6000万元，建成现代苹果冷链物流中心，其贮藏能力达到1.2万吨。中心的建设延长了苹果的仓储时间，实现了错峰上市。另外，悦多果业还正在与市内外的菓行菓素、联华食品等企业探讨合作，计划增上果干、果醋等深加工项目，建起一条从种植到加工到销售再到体验的完整产业链，带动上下游配套投资5000多万元。

在推动三产融合上，悦多果业通过苹果的大单品打造田园综合体，构建都市人的“休闲梦田”。按照“有主体，有基地，有加工，有品牌，有文化”的构想，悦多果业致力于丰富苹果文化，体现悦多个性，讲好苹果故事。投资建设的600平方米的悦多苹果文化展馆，系统展示了荣成苹果历史、与世界苹果接轨的先进生产标准，解析了荣成苹果新鲜、营养、健康的有机特点。以悦多果园、伟德山茶场为载体，着眼于农、文、旅、娱、购等要素，果园设立了观光长廊，修建了悦园水系、苹果文化馆、悦湖垂钓、窑洞美食、水上餐厅、水上儿童乐园，建设了万米环园有氧健身观光路，种植了百亩采摘园和采茶场，让游客体验垂钓、采摘、炒茶的乐趣。通过一、二、三产业融合，悦多构建了集现代农业、休闲旅游、田园社区为一体的乡村综合发展模式。最终让每一位消费者游在悦多、了解悦多、品味悦多、铭记悦多，让都市人在悦多能拥有自己的“休闲梦田”。

美国华盛顿州苹果协会的一位副主席曾经到访悦多，他感慨地说：“一个月以来我去了中国所有的苹果产区，你们的果园是我见过的最棒的。我仿佛站在了美国的果园，哦！不！你们的更好，因为我们的果园只是果园，而你们的像公园。”

小苹果带动共富裕

针对农户和新型经营主体对接市场难度大、抵御风险能力弱等特点，悦多果业发挥组织引领作用，整合各类服务资源，打造多元化服务平台，提供农业全链条服务，带动当地以及周边地区经济发展、农户增产增收的同时，推动农业集中化、产业化发展，实现共同富裕。

悦多果业辐射带动的第一个方面就是农村闲置劳动力的就业。通过流转土地 2300 亩，园区每年增加固定工作岗位 100 余个，季节性工作岗位每年达到 30000 多人次，为农民增收、带动脱贫做出了应有的贡献。在悦多果业的示范带领下，土地产出效益明显提高，周边干部群众对发展苹果基地的积极性非常高，积极参与到了果树种植行业。

第二个方面就是提供技术培训、技术指导服务。悦多本着服务带动的理念，对周边 5 个乡镇的 20 多个贫困村，进行每月至少一次的定点技术培训工作。依托远程教育视频会议系统、农广校等平台，提升农民职业技能，培育新型职业农民。对从事专业种植的农民，实行技术培训指导、统一管理服务，提高他们科学种植、标准管理的能力。定期邀请专家学者对果农一对一进行技术实操培训、传授实操经验。在果树的每一个管理关键期，组织专家团到各个果农园内进行实地“会诊”，现场进行技术管理指导。在悦多果业的苹果种植园里，有一处名为传习讲堂的建筑，这是悦多果业免费教授果农苹果种植技术的场所。通过输出技术和标准，悦多帮助周边果农种出高质量的苹果，然后利用悦多的仓储、包装和分拣设备，将产品卖入市场。从种植、仓储、包装、渠道和品牌方面为大家提供服务，使苹果卖出溢价，再由双方共享这部分价值，通过服务带动更多的果农致富。现已累计对外开展各类培训 60 余场，培育新型职业农民 300 人次，培训和服务技术人员4000余人次。通过统一的理论培训和实操指导，周边果农也实现了科学种植、规范管理，达到了增产增收的目的。

第三个方面就是苹果的销售。悦多果业拥有1.2万吨的大型冷风库，可以帮助果农代存和代销苹果。每年代存的苹果量至少四百万斤。除了基地每年的产量之外，每年悦多果品专业种植合作社通过从农户手中收苹果，帮助农户解决苹果积压的问题，进而提升周边农户的收入水平。近两年悦多大力发展农村电子商务平台，与拼多多平台合作，联手推出多多助农活动，2019年累计帮助农户销售苹果360余万斤，增收60余万元。

尾　声

在中国苹果产业协会发布的2020年度中国苹果产业榜样100品牌中，“悦多果业”榜上有名，总经理宋楠上榜2020年度中国苹果产业风云人物。乡村的全面振兴，离不开农业的现代化。“市场化，品牌化，社会化，标准化，融合化”是现代农业的标志。悦多果业用自己的实践告诉我们，现代农业的高质量发展到底应该关注什么。

农业发展靠科技，农业增值靠品牌，食品安全靠追溯。悦多果业坚信未来农业是品牌农业的天下，未来市场是可追溯优质农产品的市场。悦多果业将继续以初心、使命为基础，与各方共同努力，推进农业现代化和品牌化进程，切实促进农民增收，实现共同富裕。

研讨题：

1. 在国产农产品只能做性价比的观念下，悦多果业是如何实现农业现代化的？

2. 发展品牌农业是实现农产品溢价的法宝，如何有效地打造农产品品牌？

经略海洋　筑梦深蓝

——荣成市靖海集团建设沙窝岛国家远洋渔业基地的实践

宋美媛　连召波

【引言】

2018年3月8日，习近平总书记在参加十三届全国人大一次会议山东代表团审议时强调："海洋是高质量发展战略要地。要加快建设世界一流的海洋港口、完善的现代海洋产业体系、绿色可持续的海洋生态环境，为海洋强国建设作出贡献。"2018年6月12日，习近平总书记在山东考察时进一步强调："海洋经济发展前途无量。建设海洋强国，必须进一步关心海洋、认识海洋、经略海洋，加快海洋科技创新步伐。"

【摘要】

靖海集团成立于1978年，是山东省荣成市的传统渔业企业，也是山东省远洋渔业规模最大、实力最强的领军企业。经过40多年的发展，目前拥有职工5000人，固定资产70亿元，已形成远洋捕捞、渔港贸易、精深加工、船舶修造、海水养殖、滨海旅游六大产业格局，先后获得"全国先进基层党组织""农业产业化国家重点龙头企业""省级文明单位"等荣誉称号。

2015年，靖海集团响应习近平总书记"一带一路"倡议和"经略海洋"的号召，依托所属第一批全国文明渔港——沙窝岛中心渔港，向农业部申报了建设沙窝岛国家远洋渔业基地项目，并于2016年3月获得批准。该基地成为目前北方唯一、全国第二个国家级远洋渔业基地，2017年被列入山东省新旧动能转换重大项目库。

【关键词】

国家远洋渔业基地　经略海洋　高质量发展

靖海集团，位于山东省荣成市西南部靖海湾畔，濒临黄海。“靖海”二字的使用，可追溯至明朝，那时为抵御倭寇，朝廷在此设立卫所，名为靖海卫。1978 年 1 月 24 日，沙窝、扁口、殷口 3 个小渔村的渔业小队经过整合，合并成一支渔业大队，它也正是靖海集团的前身。

至 20 世纪 80 年代，靖海集团已发展成为全国最大的群众性渔业企业，“稳定发展，共同富裕”的“靖海之路”和“统一经营，分级承包，计划内外净利润按不同比例分成”的“靖海模式”也得到各级党委、政府和主管部门的高度评价。1988 年，公司渔业总收入突破 1 亿元，净利润 4500 多万元，成为荣成市第一个总收入过亿元的渔业企业。

20 世纪 90 年代初，随着近海渔业资源的减少和竞争压力的加剧，靖海集团将目光投向远洋渔业，参与荣成组织的首批海外探险。

十几年间，公司不断加大远洋渔业新渔场、新资源开发力度，船只改造力度，捕捞新技术、新设备创新力度，以及捕捞基地建设力度。远洋渔船数量由 1 艘增至 78 艘，渔业辅助船、货轮、油轮、冰鲜运输船增至 40 艘，总计 118 艘。作业渔场遍布太平洋、大西洋、印度洋，远洋渔业作业类型由小规模单一拖网转变为拖网、鱿鱼钓、金枪鱼延绳钓、灯光围网等多种作业方式，单船由 450 马力渔船发展到 3500 马力大型专业远洋船舶。在印度尼西亚建设有海外基地，在斐济、阿根廷设有办事处，在秘鲁、马来西亚设有冷链基地。公司由过洋性捕捞为主体的试捕阶段，进入大洋与过洋并举的发展壮大阶段，形成了广泛参与国际资源竞争的远洋“联合舰队”。

“闯海人”的蓝色传奇

从荣成西南靖海湾的沙窝岛渔港出发，“闯海人”一路向南，过黄海、经东海，穿台湾海峡，进入南海，再过菲律宾、印度尼西亚、新加坡，穿马六甲海峡进入印度洋，斜向西南，横渡印度洋，经马达加斯加，到达非洲最南端，绕过好望角，进入大西洋，紧擦“魔鬼西风带”，横渡大西洋，到达南美洲东岸拉普拉塔河口的蒙得维的亚港（乌拉圭）休整，再沿阿根廷东海岸南下寻找鱼群……

他们经历过台风到来前的紧急避港，经历过赤道无风带的酷热、好望角的惊涛骇浪、南极圈外缘魔鬼西风带的狂暴与冰冷，航程远近对他们而言是那么不值一提。

靖海集团远洋捕捞负责人告诉我们，作为远洋渔业企业的负责人，在他们心中第一位的是船员安全，其次才是赶上渔汛，满载而归。远洋捕捞过程中最考验人心的是漂泊海上的寂寞。差不多两个月时间，你目之所及除了海还是海，你会分外盼望陆地，盼望港口上的喧闹，盼望家里饭菜的味道。如果你恨一个人，就让他上远洋船，那滋味比坐牢还要苦，当然，一网鱼上来整个船都装不下时，那也真像海底捞宝一样美！

远洋捕捞仍被称为世界上最危险的职业之一。该负责人告诉我们，靖海集团仅远洋船员的培训费用就达 200 多万元。只有拿到培训合格证才能上船。对船长的要求则更为严格，他们必须要有过硬的技术、多年经验，此外还要有专科以上学历，英语达到相当水平……因为现代化的远洋捕捞，除经验之外对知识与技术有了更高的要求。你要到国外作业，没有一定的英语水平如何与人交流？船上各种先进的仪器设备，你没有一定的文化水平如何操控？你还得是船员们的保姆与心理导师，在漫长的航程中照顾好他们的饮食起居，排解他们心中思乡和寂寞的情绪……

面对未知的海洋，荣成渔民从未停止探索的脚步。随着造船业的发展和海上通信、安保等设施的进步，靖海集团的远洋渔船一年四季驰骋于太平洋、印度洋、大西洋上，带来世界各地不同种类的鱼货。“除了北冰洋，三大洋我们都去过了！”靖海集团远洋捕捞负责人说，“现在看来，20 多年前集团确定的远洋发展方向是走对了！”

近海渔业资源匮乏，顺势而为转型升级

20 世纪 60 年代以前，捕捞资源利用偏重于近海资源。20 世纪 70 年代以近海及临近海区为主要渔场，外海资源也开始得到利用。大小黄鱼、带鱼、鲐鱼、鲅鱼、青鱼、对虾、鹰爪虾等资源得到充分利用，部分资源已达到过度利用状态。20 世纪 80 年代初开始，传统渔业资源经历了开发利用到利用过度的过程，资源趋向小型化、低龄化、低值化状态，过去一些没有被利用的资源被开发出来。

进入20世纪90年代，受市场需求刺激，资源利用过度的状况进一步加剧，不少经济鱼类濒临绝迹。作为许多经济鱼饵料的鳀鱼，由于捕食者少而显得相对丰富，成为扶持捕捞业的重要资源。然而，随着鱼粉加工业的兴起，鳀鱼捕捞的兴旺使这一资源也面临绝迹的危险。

近海资源的持续衰竭，使远洋渔业成为传统捕捞业转型发展的必由之路。资料显示，联合国有关机构对世界海洋渔业资源可捕量总的评价是：经济鱼类为1.04亿吨，经济甲壳类为230万吨，头足类1000万至1亿吨，灯笼鱼类为1亿吨，南极磷虾为1亿吨以上。即使不考虑南极磷虾，世界海洋渔业资源的可捕量也要比目前渔获量高了两倍多，尤其是公海，开发潜力更大。

挺进大洋是保护近海渔业资源、参与世界性海洋资源竞争的迫切需要。20世纪80年代初，我国提出“尽快组建我国的远洋渔业船队，放眼世界渔业资源，发展远洋渔业”的要求后，中国渔船从沿海走向了远洋。1985年3月，中国水产联合总公司等派出的由13艘渔船、223名船员组成的我国第一支远洋渔业船队起航开赴西非海岸，由此开辟了我国与几内亚比绍、塞内加尔、塞拉利昂等国的渔业合作新领域，揭开了我国远洋渔业历史的第一页。

从开发近海到挺进大洋，靖海集团在荣成市的捕捞业中一直稳居第一方队。1998年，靖海集团4艘拖网远洋渔船第一次开赴印尼渔场从事过洋性远洋捕捞作业，开始了航程最远的一次跨国探捕，靖海集团也成为荣成市在该海域第一个敢吃螃蟹的人。

2000年12月24日，对靖海集团来说是一个具有重要意义的日子。靖海集团首艘“金远号”远洋鱿钓渔轮，从沙窝岛渔港出发，首航1.3万海里，到达阿根廷外海进行鱿鱼钓生产，由此翻开了远洋捕捞更加壮丽的崭新篇章。靖海集团也成为荣成市最早开展远洋渔业项目的企业之一，是山东省远洋渔业重点龙头企业。时任“金远号”“政委”的许德祝见证了荣成渔业从近海走向远洋的快速发展之路，“当时到西南大西洋全程13200多海里，我们在那里捕捞了1500吨鱿鱼，有两千七八百万的收入，是近海捕捞的两到三倍。”

2002年是靖海集团远洋渔业发展历史中具有里程碑意义的一年。该年集团所属捕捞公司成功取得了农业部远洋渔业企业资格。同年3月，更新改造的12

艘金枪鱼延绳钓船远赴东南大西洋作业。

然而，靖海集团的远洋之旅并非一帆风顺。由于受资金、人才、技术等因素的制约，当时远洋渔业发展规模很小、作业类型单一、远洋经验不足，集团遭遇了三连亏。三连亏的窘境和业界的质疑声并未吓退勇敢的靖海人。靖海人认为，远洋渔业是一种风险性较大的项目，一次性投资大且回收期长，渔业生产还受周期性影响。在市场价格不明确、渔场潜力不熟悉的情况下，敢做第一个“吃螃蟹”的人，就要有经受各种风险的心理预期。

随后，靖海集团根据自身实际和国内外远洋渔业状况及发展趋势迅速调整战略，稳定并巩固北太平洋和西南大西洋鱿鱼钓作业规模，适度发展过洋性拖网作业，主攻大洋性鱿鱼钓和金枪鱼延绳钓。2006 年 5 月，新购“荣大洋 5 号”鱿钓船赴大西洋作业。2006 年 9 月，更新改造的 5 艘金枪鱼延绳钓船赴印度洋作业。2007 年 5 月，更新改造的 4 艘鱿钓船赴斐济渔场作业。2008 年 6 月，新造的 4 艘鱿钓船赴斐济渔场作业。2011 年 3 月，新购的 5000 吨级“雪麟”号冷藏运输船首航大西洋作业。

巴布亚，印度尼西亚面积最大的一个省，位于印尼版图的最东边，东面接壤巴布亚新几内亚共和国，西连西巴布亚省，北临太平洋，南临阿拉弗拉海，拥有 2000 多英里（1 英里约等于 1.61 千米）海岸线。这里密布的热带雨林动植物资源独特而丰富，包括世界上最大的大王花、各种珍贵兰花以及袋鼠、树熊、天堂鸟等珍稀动物。这里的民族多达 250 多个，他们都保留着神秘的土著文明。巴布亚内陆河流和湖泊分布广泛，金枪鱼、表层鱼类以及底栖鱼类资源丰富，渔业发展潜力巨大。

2011 年，靖海集团第一个海外远洋渔业基地在巴布亚的蒂米卡（Timika）港设立。2013 年，靖海集团与海洋渔业印度尼西亚有限公司成立合资公司——印度尼西亚海之富渔业有限公司，获得商务部核准颁发“境外投资证书”及山东省发改委核准批复。靖海集团开始实施马老奇（位于巴布亚省东南部）远洋渔业基地建设项目。

集团公司分管远洋渔业的常务副总经理许德祝告诉我们，马老奇远洋渔业基地项目规划总投资 5000 万美元，新建码头 500 米，可满足 300 艘渔船靠泊；

新建渔船修理厂2万平方米，年可修理渔船200艘；新建水产品加工厂及冷库5000平方米，购置生产流水线6条，加工、冷藏设备设施150台套，冷库库容量达到8000吨；新建制冰厂1000平方米，日产量200吨；新建污水处理厂3000平方米，日处理污水300立方米；新建生活配套设施1万平方米。

短短3年后，该基地已完成项目区所有征地、8公顷沼泽地填土及平整、3000吨冷库及加工车间基础建设、100米渔港码头岸线基础建设、5000平方米渔船修理厂基础建设等项目。

2014年年底，印尼政府入渔政策发生改变，规定所有外籍渔船捕捞许可证到期后禁止在印尼海域作业。为合理规避风险，靖海集团在印尼阿拉弗拉海域作业的23艘单拖船队撤回国内。

频频推出的海外项目，显示出靖海集团对海外基地建设的高度重视和布局全球远洋的高远视野。

参与基地建设的船员说，热带雨林地区条件相当艰苦，基地建设非常不易，当然规模更无法与我们这里相比。但对于动辄航程上万里的远洋捕捞来说，渔业基地是一个重要中转站，就像长时间在海上飞翔的海鸥找到了一个可以落脚的地方。远洋渔业基地虽小，却成为远征大洋漫长航程中的一个重要节点，成为漂泊远洋的渔船在异国的“家”。有了这样的家，远洋渔船远赴大洋的数量和频次大幅增加。

至2018年1月，靖海集团自行设计建造的4艘3000吨级远洋运输船全部开赴渔场作业。

许德祝告诉我们，以前因为远洋捕捞船的承载有限、航程遥远，捕获的鱼货或是直接在海上销售或是卖给当地代理公司，价格受制于人。海外基地、办事处和远洋运输船的投入使用，无疑为远洋渔业装上了一静一动“双保险”。远洋运输船队常年往返于公司总部与各大渔场之间，一则为荣成远洋渔业规模进一步扩大提供发展基础，摆脱价格受制于人的尴尬局面；二则可以提升荣成在作业海域捕捞渔船的生产、生活以及安全保障能力，在远洋渔业项目中发挥重要的中枢辐射作用；三则可以提高远洋捕捞水产品的回运率，延长远洋渔业产业链条。

靖海集团在大洋渔业方面的“远洋”“捞金”让更多的渔业企业信心倍增，

荣成市也紧紧抓住国家鼓励发展远洋捕捞的良机，出台一系列优惠政策，淘汰近海捕捞产能，扶持壮大远洋渔业，并鼓励企业实行资源回运，延长产业链条。2012年，荣成出台政策鼓励远洋捕捞回运加工，实现二次增值。远洋企业纷纷组织远洋运输船队，运回远洋捕捞资源。一时间，各企业纷纷行动，转变发展理念，把工作着力点及时转移到大洋渔业资源的开发利用上，大力发展远洋渔业。

有关数据显示，2014年第一季度荣成新建专业远洋渔船29艘，实施远洋作业项目10个，远洋渔业产量3.4万吨，增长176%，回运自捕水产品2224吨。6月底前又有2艘专业远洋渔船建成，总数达到278艘，完成远洋渔业总产量达5万吨，回运自捕水产品3万吨。

山东省商务厅按照企业远洋水产品回运量，给予7%—10%的运费补贴。

许德祝说，目前集团自捕远洋水产品回运占比90%以上，鱿鱼回运率达到100%。根据渔业产业化要求，先后建立4处远洋渔业配套加工企业，鱿鱼系列精深加工产品，淡干、即食、鱼粉等系列高附加值产品畅销国内外，深受广大客户青睐。综合化、产业化、规模化的经营模式，极大地提高了远洋渔业的综合产出效益。

与此同时，集团着力发展水产品精深加工，实现增值突破，由单一生产向综合经营转变。鱿鱼系列产品年加工量3万吨，远销欧盟、美国、俄罗斯及东南亚国家和地区，是我市重要的鱿鱼精深加工基地之一。集团还与上海海洋大学、大连海洋大学、山大威海分校等院校联合，实行合作共建，强化远洋生产技术创新体系建设，其中设立的靖海集团山大威海分校产学研基地和实践教学基地，为远洋渔业的发展提供了有力的科技保障。

根据海洋资源、生产资料供应和国际经济形势的现状，2008年以后，集团提出了大幅压缩近海捕捞业、巩固提高远洋渔业的发展战略，通过对近海渔船的更新改造，逐步淘汰产能落后的近海渔船，至2013年，近海渔船完成了光荣使命，集团捕捞业全面步入远洋渔船远征深蓝的历史新纪元。

放大战略眼光，绘好基地发展“新蓝图”

远洋捕捞千帆竞发，百舸争流，陆上必须建立一个大而强、全而新的远洋渔业基地，来指挥、调度外海生产，辐射、拉动海洋经济三大产业融合发展。面对经略海洋的时代使命，站在新亚欧大陆和海上丝绸之路的交汇节点上，靖海集团以放眼全球的战略目光，向海图强，筑梦深蓝。

站在靖海集团办公楼上向西望去，沙窝岛中心渔港就像一幅繁忙的生产图，一艘艘满载而归的渔船拉着汽笛缓缓入港，鱼虾靠岸，热闹顿起。

沙窝岛中心渔港是靖海集团的标志性建筑，始建于1978年，至1982年初具规模，20世纪90年代初即具备一级渔港建设规模，2010年8月被农业部评为首批“全国文明渔港”，2013年11月山东省海洋渔业厅、发改委、财政厅联合公布设立荣成沙窝岛省级现代化渔业园区，2014年1月国务院批复该港口为国家一类开放口岸，2014年9月获得国家发改委、农业部批复的中央预算内投资计划。

2015年，靖海集团依托第一批全国文明渔港——沙窝岛中心渔港，向农业部申报了建设沙窝岛国家远洋渔业基地项目，并于2016年3月获得批准，2017年该项目被列入山东省新旧动能转换重大项目库，成为继舟山之后目前北方唯一、全国第二个国家级远洋渔业基地。基地总投资50亿元，占地面积3.5平方公里，突出产业集聚、产品集散、资源整合、产业升级等功能，坚持信息化理念、工业化思路、产业化方向、服务化体系，以“互联网+、海洋+、标准化+”的运作模式，打造我国北方规模最大的现代化远洋渔业综合基地。基地分为中心渔港、精深加工、交易市场、综合服务四大功能区。

基地目前已完成一期投资20亿元，建成港池42公顷的中心渔港、年修造能力百万载重吨的船舶修造中心、库容35万吨的冷链物流园、年生产能力10万吨的鱿鱼精深加工车间、总面积6万平方米的干海产品加工园、年产量20万吨的海洋生物高效综合利用加工园等项目，四大功能区全面投入运营。可同时停泊国内外渔船2000余艘，实现年水产品交易量60万吨，销售收入100亿元以上。

集团工作人员告诉我们，国家远洋渔业基地好比是艘“航母”，涉及“捕捞—运输—仓储—加工—交易—销售—物流—服务”一条非常长的产业链，要有所突破，不能仅仅是一个口！就实际情况来看，在捕捞、海上运输、加工等前期环节，靖海集团在过去的几十年里，已经有了深厚的基础。当下和今后，关键是要补齐后面几个环节的短板，形成完整的产业链。

目前，基地按照统一管理、分级经营、开放合作、协同发展的指导方针，全面启动二期工程建设。二期工程计划投资30亿元，占地270公顷，海域10万亩，主要建设东北亚水产品交易中心、沙窝岛国家渔港经济区等重点项目。

东北亚水产品交易中心充分发挥基地的区位、资源、产业等优势，搭建高水平开放合作平台，有效聚集产业、科技、人才、资本等资源，全面融入以国内大循环为主体、国内国际双循环相互促进的新发展格局中，对进口海产品、自捕渔获物以及大宗水产品进行现货交易、期货交易等，整合集聚全球水产品资源，大力发展资源回运、转口贸易、保税加工、流通交易等业务，建成威海与日韩等国家和地区鲜活、冷冻等水产品进出口的中转站和分拨站，将基地打造成全国人民的“鱼篮子”。

沙窝岛国家渔港经济区重点建设渔港功能区、精深加工区、交易集散区、综合服务区、渔家风情体验区等五大片区，设立海关特殊监管区和保税区，提升渔港整体功能，完善渔港基础设施，实施集约化、规模化、一体化管理，采用渔船挂靠渔港的合作社和股份制的经营模式，吸引优良的民营企业以及个体、联合体、自然人和船东加盟，以港引船、以港养船、以港管船，进行统一收购、仓储、运输、销售，为合作伙伴及渔船提供“一站式”“一条龙”标准化服务，实现利益共享、共同发展。

基地立足荣成，面向全国，辐射东北亚地区，建成后会成为我国北方规模最大的现代化远洋渔业综合基地和东北亚地区重要的水产品加工及贸易集散地。基地对推动我国北方远洋渔业转型升级，建设海洋经济蓝谷，健全完善我国远洋渔业产业体系，提高远洋渔业综合实力和国际竞争力，促进远洋渔业持续健康发展具有重要意义和深远影响。

乘风破浪　逐梦深蓝

2015年以来，靖海集团先后实施了西南大西洋公海鱿鱼钓、东南太平洋公海鱿鱼钓、西南大西洋公海单拖网、太平洋公海金枪钓、印度洋公海金枪钓、西北太平洋公海灯光围网、北印度洋公海灯光围网等捕捞项目及大西洋、太平洋、印度洋和朝鲜东部海域远洋运输项目，捕捞规模、产量、效益等指标均居山东省同行业首位。

船舶装备水平稳步提升。工欲善其事，必先利其器。靖海集团对所属荣成市远通船舶修造有限公司进行了大规模的改扩建工程，公司目前拥有水深 -10 米舾装码头 2600 米，3 万吨以上泊位 6 个，获得 ISO9001 质量体系认证及中国船级社 CCS 质量管理体系认证，具备一级渔船建造和设计资质，舾装码头于 2014 年被国务院批准为一类对外开放口岸，是山东省远洋渔船研发与制造基地、山东省综合性重点船舶修造企业之一，为提高远洋渔船装备水平奠定了坚实的基础。

远洋渔业高质量发展。靖海集团坚持企业扩张向高端延伸、行业分工向专业细分、渔场开发向全球拓展、产业布局向基地聚集的高质量发展原则，创新作业方式，拓宽捕捞领域，加强对外交流，扩大经贸合作，积极参与国际公海资源竞争。打造“船队 + 基地 + 园区”的远洋渔业发展模式，做好海外鱼货收购、加工、贸易及资源回运等工作，不断提高远洋渔业的市场竞争力。

远洋渔业管理持续强化。靖海集团坚持向管理要效益、向管理谋发展的企业理念，将规范管理作为发展远洋渔业的核心工作狠抓不懈。集团严格遵守国家法律法规、政策和国际条约、协议、区域组织规定，切实做好船位监测，认真执行运回自捕水产品管理规定，及时报送数据及填报渔捞日记，配合好观察员工作，强化远洋渔船管理，强化远洋船员思想教育和法律意识，加大安全生产监督考核，有效杜绝一切违法生产活动和涉外安全事故发生。

产业链条延伸拓宽。靖海集团高度重视远洋水产品的资源回运工作，充分发挥远洋运输船队较强的运输能力，将捕获的水产品回运国内，扩充国内市场资源。为提升远洋水产品附加值，集团开发了八大系列 120 多个远洋精深加工水产品，产品全部取得 HACCP、CS 及欧盟、美国、俄罗斯等质量管理体系认证，远销欧盟及东南亚国家和地区。靖海集团成为山东省远洋渔业产品精深加工及冷链物流基地、山东半岛蓝色经济区海洋食品产业联盟秘书长单位。

三次产业融合发展。沙窝岛中心渔港港区码头全长 3500 米，港池面积 128 公顷，泊位 78 个，为国内较大规模中心渔港之一，主要建设水产品专用码头、北海救助码头、渔业执法专用码头、水产品交易中心、浙大海洋生物科技产业园、物资保税仓库，为国家5A级物流企业、国家五星级冷链物流企业、水产品冷链物流国家标准试点企业、中国（荣成）冷链物流产学研基地。同时，集团以沙窝岛中心渔港为载体，全力打造靖海渔港小镇，2017年1月该小镇被山东省政府批准为省级特色小镇。小镇规划总投资30亿元，占地5平方公里，海域20万亩，打造渔港特色鲜明、滨海服务完善的美丽靖海湾，形成远洋渔业龙头带动、三次产业融合发展的良好业态。

远洋渔业是我国渔业发展的重点产业，也是靖海集团倾全力、花巨资、选精兵、费心血发展的重点产业。在初上路的时候，受经验不足、技术落后、渔场掌控水平不高等因素制约，集团摔了不少跟头，交了不少的学费。但成功永远属于拼搏者、勇敢者、不畏艰难险阻者，百折不挠，挫而弥坚，经过多年的摸爬滚打，不断地探索、尝试、总结、突破，一条高质量发展远洋渔业的康庄大道已经铺展在靖海集团永不懈怠的脚下。

研讨题：

1. 靖海集团为什么要发展远洋渔业？

2. 靖海集团发展远洋渔业的创业历程是什么？

3. 靖海集团是怎样“经略海洋”的？

4. 靖海集团“经略海洋”的经验做法给我们带来了哪些启示和值得借鉴的地方？

耕海牧渔立潮头

——寻山集团以海洋牧场示范促海洋经济提质

周彩红

【引言】

2018年6月，习近平总书记视察山东时指出："海洋经济发展前途无量。建设海洋强国，必须进一步关心海洋、认识海洋、经略海洋，加快海洋科技创新步伐"。并就海洋牧场建设作出重要指示："海洋牧场是发展趋势，山东可以搞试点"。

【摘要】

寻山集团有限公司海域位于黄海之滨爱伦湾和桑沟湾畔，风平浪静，水质肥沃，是难得的天然海上牧场。寻山集团是荣成市第一批渔业合作社。面对海产资源减少的现实，为寻求新的生存发展道路，1988年，经过深思熟虑，公司决定将发展战略从"重捕捞，轻养殖"向"科技兴海，以养兴渔"转轨，从单一捕捞走向科学养殖。2015年他们响应国家号召建设海洋生态牧场，走上一条科技兴海的特色发展之路。

【关键词】

海洋牧场　海洋科技创新　国家级海洋牧场示范区

在山东省荣成市爱伦湾畔，坐落着一个美丽的海边渔村——青鱼滩村，正是今天爱伦湾国家级海洋牧场所在地。

这里的渔民织网捕鱼，向海而居、靠海而生。每年谷雨前后，鱼虾洄游迁徙觅食，被称为"百鱼上岸"。每逢此时，成群的鲭鱼打漂跳跃，此起彼伏。

太阳的金光、鱼群的银光、海水的蓝光，交相辉映，海面上五光十色，让人眼花缭乱。这令人震撼的场面，深深印刻于青鱼滩村的历史记忆之中。

寻山集团始建于1956年，由3个小渔村合并成立了渔业捕捞队，是荣成市第一批渔业合作社。那时候虽然规模小，船具落后，技术缺乏，产业单一，但渔业资源丰富，捕捞队每次出海也是收获满满，渔民们干劲十足。从20世纪80年代初开始，由于捕捞产业不断发展壮大，过度捕捞现象日趋严重，自然鱼虾资源逐渐减少，企业发展也走入瓶颈。如何破解面临的困难成为企业当务之急。

寻梦两湾，转型升级，开启海洋牧场建设新篇章

企业负责人深知改革才能海阔天空。经过深思熟虑，1988年，企业淘汰落后产能，开始进行新的探索，将发展战略从“重捕捞，轻养殖”向“科技兴海，以养兴渔”转轨，致力发展海洋科技研发及生态养殖、海水育苗、海洋产品精深提取加工产业。

企业负责人对当时的情景仍记忆犹新，他回忆到，有想法就马上付诸行动。1988年公司决定转变经营战略。为开发思路，找准发展方向，公司安排领导管理人员多次外出进行前期调研，同时也安排企业的技术人员外出观摩学习，聘请专家对发展思路进行论证，制定出了详细的发展方案。

公司在发展进程中，始终重视科技创新，多年来一直与科研院所开展深度研发合作，并取得了丰硕成果。通过不断的创新试验，公司育苗和养殖技术日渐成熟，养殖面积不断扩大，综合经济效益显著提升。随着爱伦湾浅海养殖的不断发展，浅海海域养殖容量逐渐处于饱和状态。1990年，公司确立了“将养殖推向深水大洋”的发展思路，在深水养殖区通过采取“改良设备、加深根橛，增长根绳、减弱浮力，联片放养、抵御风浪”创新举措，成功实现了海带养殖由10米等深线向30米深水大流区扩张的壮举。

公司与中国海洋大学、中国农业大学、中国科学院海洋研究所、中国水产科学研究院黄海水产研究所、上海理工大学等高校、科研院所，建立起长期紧密的产学研合作关系。聘请了唐启升、包振民等十多位国内著名专家，培养起

了一支100多人的专业技术人才队伍，建起了“国家海产贝类工程技术研究中心”。先后承担实施了16个国家“863计划”项目、1个国家“973计划”项目和4个国家科技支撑计划项目，引领带动了我国海水养殖业持续健康发展。目前，公司已形成以海水育苗、海上养殖、海产品精深加工为主导的产业，经营规模不断扩大，经济得到快速发展。

企业负责人介绍起集团这些年来的发展历程，也充满了骄傲与自豪，为什么这里能成为全国首批国家级海洋牧场？就是因为企业在发展中做了充分的前期积累，条件逐步成熟。

2015年，山东省出台《关于推进海上粮仓建设的实施意见》，聚力发展海洋牧场，积极推动海洋渔业新旧动能转换。集团积极响应，依托国家海产贝类工程技术研究中心的科技优势及自身资源优势，着力发展生态养殖，同时大力开展休闲渔业，吸引大批游客走进海洋牧场观光体验，休闲娱乐，使海洋牧场与互联网、旅游、健康等产业深度融合，成为名副其实的国家级海洋牧场，谱写绿色生态发展新篇章。

以海洋牧场示范，促海洋经济提质

什么是海洋牧场？它是指在一定海域内，采用现代化渔业设施和系统化管理机制，利用自然海洋生态环境，将人工放流的海洋生物和被吸引过来的野生海洋生物聚集起来，像在陆地放牧牛羊一样，对鱼、虾、贝、藻等海洋资源，进行有计划的海上放养，形成可控的人工渔场，确保海洋生态环境稳定和渔业生产持续增长。

爱伦湾建设海洋牧场具有得天独厚的优势，它位于黄海之滨爱伦湾和桑沟湾畔，地处北纬37°，滩涂面积广阔，水产资源丰富，海流畅通，水质肥沃，已发现海洋生物300多种。

坚持生态优先，推动绿色发展

利用优越的地理环境，公司着眼生态保护和绿色发展，在海洋牧场建设过程中，先后进行了人工造礁、增养放流和“多营养层次生态模式”的探索，也探索出一条适合海域发展的海洋牧场之路。

大力投放人工造礁，改善海域自然环境。

爱伦湾国家级海洋牧场经理介绍：“海里的鱼儿、蟹、虾这些小东西和人是一样的，待着舒服它们才能在这里安家落户，没有一个让它们待着舒服的环境可不行。”

早在 2006 年，寻山集团就率先实施人工鱼礁建设项目，第一阶段共投入资金 5371 万元，建设人工鱼礁区 131 公顷，投放水泥礁、船体礁、料石礁等礁体 40 万平方米，增殖藻类、贝类苗种 2 亿单位。

2018 年以来，公司进行了 53 公顷的海洋牧场建设，投资 3000 万元，投放生态型鱼礁 3.7 万平方米，建造多功能看护平台 6 组，海藻场 500 亩。

人工鱼礁为海洋生物提供了一个新的家，随着人工鱼礁建设的不断推进，与生态立体养殖实现有机结合，改善了海域生态环境，营造出了海洋生物栖息的良好环境，为鱼类等提供了繁殖、生长、索饵和庇敌场所，达到了保护、增殖和提高渔获量的目的。

实施增殖放流，修复自然渔业资源。

公司积极参与各级政府的增殖放流项目，同时依托自有的海珍品育苗基地，根据所处海区的渔业资源实际状况，有针对性地自主实施增殖放流。每年除了投放黑鲪、牙鲆等鱼类，还投放括鲍、海胆、海参等海珍品。

以人工放流优种鲍鱼为例，鲍苗好鲍才好。10 月暖阳天气，正是小鲍苗下海的好时节。在寻山集团的育鲍车间里，小鲍苗们“整装待发”。一洼一洼的育苗池内，水流潺潺，一粒粒小鲍苗静静地趴在波纹板上，在隐隐约约的光波里犹如五彩斑斓的孔雀石。规格 3 厘米以上的鲍苗已连带波纹板被装入特制的运输箱内，即将运往底播增殖海域进行人工放流。

集团人员介绍，鲍是一种很敏感的海珍品，对海域底质、盐度、水温、营养藻类等各项条件要求都很苛刻，所以野生鲍产量稀少，身价不菲。而人工底播增殖则是对野生鲍的一种有效资源补充。

鲍鱼对水温、水质及海域环境的要求极为严格。20 世纪 80 年代以前，自然野生的鲍鱼主要生长于大连。与之隔海相望的荣成，因成山头大风急浪的隔阻，基本没有野生鲍鱼，因此荣成自古以来就有“鲍鱼不过成山头”的说法。在1987年的时候，公司有了一个大胆的想法，能不能让鲍鱼在荣成的海域生长？于是派集团的科技人员外出考察，选取了多种鲍苗进行尝试，最终与大连水产研究所合作，开始进行皱纹盘鲍海上人工养殖实验，并取得了成功。自此，鲍鱼越过成山，落户青鱼滩。“鲍鱼不过成山头”终成历史。

经过多年的努力，牧场及周边海区的自然渔业资源明显增多，渔获物的种类、数量和个体大小明显提高。

来寻山爱伦湾海洋牧场，就不能错过品尝这里的海鲜，这里的海鲜不受季节的影响，不管什么时候来，想吃就自己动手捞，这就得益于公司实施的“多营养层次生态养殖模式”。

寻山集团与中国水产科学院黄海水产研究所联合首创“多营养层次生态养殖模式”，将藻、贝、参、鱼等严格按照一定比例搭配，进行分层立体养殖，使不同养殖品种相互提供营养，既实现减量增收，提质增效，又能够净化水质，固碳排氧。

在这种模式下，鲍与海带、龙须菜等藻类混养，以海带为主的藻类养殖为鲍生长提供了鲜活饵料，鲍、扇贝等贝类排泄物可作为有机肥料被海带生长吸收，也可成为浅海鱼类的饵料，这个完整的生物链下来，便形成了养殖生物间的相互促进和生态环境的良性循环。

这种立体养殖方式充分利用了养殖设施，降低了生产成本，拓展了养殖空间，实现了养殖效益的倍增。

在海带养殖区，工人费力地拉上一个鲍鱼网箱。乍一见光，藏在海带下的鲍鱼们有的懒洋洋地蠕动，有的紧紧吸附于网箱之上，乱作一团，煞是有趣。这些春天下海的鲍苗们如今已明显壮硕了一大圈，映着海水与骄阳，五彩斑斓，真像从海底打捞上来的珍宝！据介绍，皱纹盘鲍杂交育苗和高产高效养殖技术研发，使杂交鲍在苗种阶段出苗率稳定提高了4—5倍。

海洋牧场的建立，可以实现养殖生物间的相互促进和生态环境的良性循环，对降低二氧化碳总量、修复海洋生态、改良水域生态环境具有重要作用。

据测量，爱伦湾和桑沟湾水质一直维持二类水质以上标准，与实施的多营养层次生态养殖密不可分。实施的藻类及贝类养殖，每年固碳量 11 万吨，相当于植树造林 12 万公顷，有力地保护了生态环境，辐射带动了现代海水养殖业稳步健康发展。

坚持科技创新，提升管理水平

爱伦湾海洋牧场不仅仅是个“湾”，在发展水产养殖的同时，牧场还扩宽发展方向，完善服务水平，让海洋牧场提档升级。

2017 年，公司投入 6000 万元，建设 1200 平方米海洋牧场展厅，采用声光电等现代技术，全方位展示海洋牧场建设历程、创新成果和发展成就。

海洋牧场负责人介绍：“当时为了高标准完成展厅建设，公司也是下了很大功夫，跑了多个地方，外出参观学习取经，与青岛、杭州等地与多家设计公司对接，最终确定杭州施必得设计公司对展厅进行设计施工。2017 年 1 —2 月进行整个方案的讨论和修改，政府办、海洋局等部门也参与方案讨论，先后召开十几次会议对展厅设计方案进行完善。方案确定后，工程内部装修于 3 月开始动工，工期距海洋牧场现场观摩会预定日期仅三个月时间，所有工程每天晚上都加班至 10 时许，有些文字内容、宣传片等也是边施工边修改，最终在 6 月上旬完成了展厅的内部所有工程建设。”

建设的 400 平方米海洋牧场体验馆，包括各类育苗养殖设施和 20 多种牧场养殖产品、海洋牧场生态模式实景展示及科普宣传。在这里可以近距离地观察海洋生物的生长过程，和海洋生物进行亲密接触。

2018 年，山东省委宣传部和省社科联公布了首批山东省科技教育基地名单，集团爱伦湾海洋牧场科技教育基地名列其中。通过视频、VR 体验等多种科技形式，构建起集科学技术知识宣传普及，先进生产技术、工艺流程介绍，重大科技创新成果展示于一体的大型科技教育基地，全面展现海洋牧场、渔业发展变迁等海洋文化内容，在渔业劳作的快乐中学习海洋科学知识，推广普及科学技术知识，提高全民科学素质。

基地里最受孩子们欢迎的就是海洋牧场 VR 体验馆，在这里可以选择不同的场景，亲身感受海底世界，探索那片神奇的领域，给你带来一场视觉盛宴。

工程化、机械化、自动化、信息化是现代海洋牧场的发展方向。比如，依托国家海产贝类工程技术研究中心，建设了海洋牧场研究院，建成了海底实时监测、水质监测一体化的监控室。这两个工程的建设，提升了海洋牧场的智能化、信息化水平，实现了科学高效管理。再比如，通过与科研院所合作，建立多个创新平台，针对行业共性技术难题，持续进行攻关，这也会进一步提高爱伦湾海洋牧场技术人员的专业水平。与中国农业大学合作，先后建立了“水产集约养殖数字化集成系统”“水产品安全信息化系统”等自主创新项目，实现了对牧场养殖全程数字化管理。同时借助山东省海洋与渔业厅“渔业通”平台，建立了鲍鱼、海带等水产品追溯体系，公司每批次产品，都带有二维码标签，消费者通过手机扫描，可随时查询产品的生产过程记录，实现水产品质量安全全方位可追溯。牧场负责人笑称：“我们海洋牧场走出去的产品也都是有身份证的。”

海带品质再升级，山东三珍占一席。

荣成海带人工养殖有 50 多年的历史，目前，荣成海带养殖面积 15 万亩，年产淡干海带 15 万吨，盐渍海带 26.6 万吨，养殖面积居全国县级市第一位，产量占山东省的 70%、全国的 50%。寻山集团为中国北方最大的海带养殖基地，年产淡干海带 4 万多吨，约为荣成总产量的 30%。

近年来，公司致力于海带采收设备技术攻关，与哈尔滨工业大学、中国水产科学研究院渔业机械仪器研究所等合作，进行海带采收切分船、海带夹苗机等设备研制，实现了海带生产的环保化。

为了改变海带产业的命运，公司也与国内多所大专院校和科研院所合作，利用海带生产调味品、保健品、海带液、海藻肥等高端产品，实现了深度研发，让海带价值倍增。

坚持多产融合，发展旅游产业

多功能升降平台、大型浮动平台、深海智能网箱等海洋装备的应用，促进了海洋牧场工程化快速发展。

结合海洋牧场展示厅、体验馆等建设，集团加大投资力度，丰富了休闲渔业内容。

投资1500万元，新建了一组2000平方米的塑胶浮动平台，一个600平方米的升降式平台，既发挥其管护、供给、监测等功能，还开展了垂钓、采摘、餐饮等旅游项目。

投资500万元购置了1艘大型豪华游艇和12条休闲观光海钓船，满足不同层次游客的需求。

围绕“四个一”工程建设，投资1000万元建设了海景餐厅、观海平台、观光电梯、购物超市等，构建起了“游、玩、学、食、购”的休闲渔业发展框架。由于休闲渔业内容丰富，主题鲜明，先后被评为“全国精品休闲渔业示范基地”“山东省中小学研学实践教育基地”。目前，公司海洋牧场日均接待游客达1000多人次，年接待游客达10万人次以上，成为荣成市新的旅游热点。

花正艳，春正浓，一片旖旎春光中，寻山街道爱伦湾海岸带也逐渐热闹起来，游人如织，欢声笑语。

据海洋牧场讲解员介绍，每年自“五一”劳动节起，全国各地的游客便纷至沓来，天南海北的游客汇聚于此，共享这场“海洋盛宴”。

精彩纷呈的科普知识，趣味盎然的体验项目，是吸引游客最主要的因素。海洋牧场工作人员介绍：“海洋牧场体验馆、海上垂钓、海上采摘等体验式项目最受欢迎，带小朋友的游客则更倾向于展厅内容的游览，遨游科普知识的海洋。”

在这里，游客们参观了海洋牧场展示厅，在海洋牧场体验馆近距离观赏扇贝、牡蛎、海胆等。随后，坐上游艇，到达离岸约1公里的海上休闲区观光、亲水、垂钓，体验耕海牧渔的乐趣。

中午，游客们来到面积600多平方米的海上升降平台用餐。平台高十几米，可远眺赏景，可品味海鲜，还能住宿。游客王先生啧啧称赞：“以前就是看看海、游游泳，这次旅游既增长了海洋知识，又体验了耕海乐趣，真不赖。”

不过，如今很多游客已经不仅仅满足于观光游览及项目体验，海洋牧场还组织了海洋生物放生、舞蹈表演、诗会等形式多样的活动，让这片蔚蓝海岸增添了更多的文化气息及人文情怀。海洋旅游业的蓬勃发展将有力助推海洋经济转型升级，爱伦湾海洋牧场已经做好了准备，乘势快上，实现海洋经济从“资源开发型”向“海洋服务型”的华丽转变。

引进先进技术，增上微藻项目

在海洋牧场建设发展过程中，寻山集团积极向海洋生态资源创新研发领域进军，引进先进技术和人才，增上微藻培育项目。

2018年4月，投资2000万元，建起微藻繁育车间，于2019年2月建成使用。购置紫外分光光度计、超微孔滤膜装置、立式压力蒸汽灭菌器、医用空气过滤等10多台套先进设备。建设了6000平方米的玻璃管道养殖区，购置了52000米玻璃管道及配套设备。

建设了1000平方米的产品中试车间，重点开展三角褐指藻、雨生红球藻等高经济价值微藻方面的技术研究和产品开发，实施岩藻黄质的提取，应用于抗肿瘤、抗肥胖等健康领域。

近年来，与云南爱尔发生物技术股份有限公司等单位合作，联合中国科学院海洋研究所，突破了微藻海水规模化培养技术、微藻生产制品的提取和开发技术，实现了微藻由内陆养殖向海洋养殖的升级跨越。

在寻山爱伦湾海洋牧场展厅的展示台上，一排排玻璃瓶内的浅棕色粉末便是寻山集团岩藻黄质提取的最新成果。据了解，岩藻黄质广泛分布于海洋藻类和无脊椎动物细胞中，是目前海洋藻类的研究热点。目前获得岩藻黄质的方式主要有两种：一种是从大型藻提取纯化，另一种是从微藻中提取纯化。相比大型藻类来说，微藻中提取岩藻黄质具有生长周期短、提取效率高等优点。微藻中，尤以三角褐指藻中的岩藻黄质含量最高。

经过试验与提取，寻山集团已在岩藻黄质精深提取方面获得突破性进展，已经开始大规模养殖三角褐指藻，从中提取岩藻黄质。

除岩藻黄质外，公司与云南爱尔发生物技术股份有限公司联合实施了雨生红球藻培育及提取，通过培育红藻提取虾青素，使天然虾青素产品从初级原料供应延伸到终端产品制造，实现了我国红藻虾青素行业的突破。目前，虾青素片、胶囊、护肤品等系列产品已经畅销市场。

实施龙头带动，推进成果共享

在海洋牧场建设中，公司积极发挥龙头企业在科技、资金、市场等方面的优势，把带动就业，提高居民收入，促进区域经济发展有机结合。

成立渔业合作社，整合了周边小型养殖企业及分散养殖户，由分散经营向集中统一经营转变，促进了渔民增收、渔业增效。

积极实施“一企带动，数村受益”的发展模式，先后将周边9个村纳入公司统筹发展体系中，投资建设了20多万平方米的设施齐全住宅小区，并建立了完善的养老、民生保障体系，让广大居民安居乐业，共享发展成果。男60周岁以上、女55周岁以上的居民每月都可以领取400—1000元不同档次的养老金，每年还能领取600多元的粮油补助；80岁以上老人享受暖气费全额补助，60—70岁及70岁以上老人可以按不同标准享受相应供暖补贴，并且每年给60岁以上老人免费提供300度电以及50方天然气。各种节日福利和米面等生活物资也都按期发放，真正让社区居民衣食无忧。随着海洋牧场的进一步发展，各项惠民利民政策力度将不断加大，每年用于社区福利支出达2000多万元，使社区成为美丽乡村振兴的样板。

如今的青鱼滩今非昔比，不仅村容村貌焕然一新，村民生活水平也节节攀升。2017年春节期间，青鱼滩村被阿里巴巴、京东网大数据公布为网购年货“全国十大土豪村”。

现在的青鱼滩村越来越热闹，街上渐渐多了外地来的汽车，不少外地人员背着旅行包，拿着摄像机到渔村旅游体验。

2016年以来，荣成市重点打造环海路休闲旅游观光带，将环海路从市区东部的哈尔滨理工大学（荣成学院）延伸至寻山集团海洋牧场，市民及游客只需15分钟即可从市区直达寻山海洋牧场。

寻山集团紧抓这一机遇，结合荣成市全域旅游以及环海路的建设，对海岸线进行生态修复，并分期实施游艇码头、旅游驿站、汽车营地等项目的规划建设，实现整体区域改造和提升。让市民和游人到寻山海洋牧场体验垂钓采摘乐趣的同时，尽赏海洋风光，充分享受寻山集团现代渔业发展的新成果。

爱伦湾国家级海洋牧场按照高质量发展的要求，以海洋生态环境保护、生物资源养护、海水健康养殖、产业融合、富裕渔民为目标，建设布局科学合理、装备水平先进、管理科学规范、产业多元融合、产出高值高效、绿色生态发展的现代化渔业综合体，努力构建生态、经济、社会效益相统一，近浅海与深远海相统筹的渔业可持续发展新格局，为现代海洋渔业建设探索可复制可推广的经验，为培育海洋经济新增长点、维护海洋生态安全、建设海洋强国作出新贡献。

研讨题：

1. 寻山爱伦湾国家级海洋牧场是在什么情况下决定转型升级，改变企业发展方式的？为此做出了哪些努力？

2. 寻山爱伦湾国家级海洋牧场在实践和探索过程中，采取了哪些具体措施？成效怎样？

3. 寻山爱伦湾国家级海洋牧场的创新与实践给我们带来了哪些启示？

一条鱼带动一个产业

——山东蓝润集团打造金枪鱼全产业链的创新实践

王　静

【引言】

2019 年 10 月 15 日，习近平总书记在致 2019 中国海洋经济博览会的贺信中指出："海洋是高质量发展战略要地。要加快海洋科技创新步伐，提高海洋资源开发能力，培育壮大海洋战略性新兴产业。"

【摘要】

成立于 2011 年的山东蓝润集团有限公司是鑫发控股公司下辖的四个集团公司之一，是一家集海洋捕捞，海洋产品冷冻储存，海洋食品研发，海洋健康食品精细加工，海洋生物制品研发、销售及进出口业务为一体的综合性渔业企业。"蓝越金枪鱼"是其品牌。围绕金枪鱼，蓝润集团深耕海洋，不断开创全链条扩张新局面，是目前国内集海洋研发、加工仓储、冷链物流、生物提纯四位于一体的金枪鱼加工基地，形成了全产业链的生态闭环。蓝润集团积极朝着"经略海洋"这个大方向，持续向精深加工、生物科技等领域转型升级，不断延伸产业链、价值链，形成了国际化全链条经营格局，逐渐成为深蓝经济的领军者。

【关键词】

蓝润集团　金枪鱼　全产业链

2019 年，一条重 278 公斤的蓝鳍金枪鱼在日本被拍出天价，以约人民币 2111 万元的价格成交，创下近十年来金枪鱼的最高拍卖纪录。

浩瀚的海洋，蕴藏着无数宝藏，它是"生命摇篮"，是"第二疆土"，是

“天然粮仓”。位于山东半岛最东端的荣成，三面环海，有着500公里的海岸线，渔业是荣成的支柱产业，海洋经济发展源远流长。20世纪90年代以来，随着近海渔业资源的匮乏，荣成市大力倡导科技兴海战略，促进海洋产业转型升级，海洋科技与海洋经济融合发展，从而演绎出了“一条鱼带动一个产业”的现代传奇。

勇立潮头　抢占制高点

要问亚洲规模化的金枪鱼加工基地在哪里，业界会众口一词告诉你：在山东蓝润！靠海吃海的荣成人，如今已经不再守着眼前的一片海，而是帆征五洋挺进深蓝，用勤劳智慧让属于大洋性高度洄游鱼类的金枪鱼“游”进荣成。依托所建成的金枪鱼加工基地，荣成人用现代制造技术将金枪鱼物尽其用，拉长、加宽、增厚加工产业链条，使金枪鱼在游进荣成走向全国、全球餐桌的过程中，演绎着数倍增值的传奇，并且加工规模在亚洲首屈一指。

山东鑫发控股有限公司位于山东半岛最东端的海滨城市——荣成石岛。这里水、陆、空交通便利，距离威海机场30公里、荣成火车站20公里，石岛国际商港近在咫尺；这里三面环海，濒临黄海、东海、渤海三大海域，海洋资源优势得天独厚；这里是中国大陆伸向海洋的最深处，东与日本、韩国、朝鲜隔海相望，是山东对外开放的前沿关口和黄金地带。

金枪鱼又名鲔鱼、吞拿鱼，是一种生活在海洋中上层水域的鱼类，分布在太平洋、大西洋和印度洋的热带、亚热带及温带广阔水域，属大洋性高度洄游鱼类，较少接触到污染较多的近海和沿岸水域，其肉质受到近海污染的程度很低，所以金枪鱼肉是无污染的绿色食品。金枪鱼游速很快，瞬时时速可达160公里，平时时速约60—80公里，每天游程在230公里左右，洄游范围达数千公里。金枪鱼体形呈纺锤形，头大而尖，牙细小，尾柄细小，体青褐色。体型大，最大体长达3.5米，重达600—700公斤。目前中国市场上销售的金枪鱼是野生鱼种，其脂肉中的蛋白质、维生素D和不饱和脂肪酸含量很高。蓝鳍金枪鱼捕捞上来就要被贴上标签，被称为“有身份证的鱼”。

21世纪初，随着近海捕捞资源的枯竭，政府认识到发展远洋渔业的紧迫性，因此出台了一系列措施振兴远洋渔业，鼓励企业和船主“并小建大、拆旧建新”，改善渔船装备，加快远洋渔业企业对外合作，对远洋渔业企业进行补贴，优化远洋渔业生产布局，加强远洋渔业能力建设。同时国家逐渐取消近海渔船的油补，加大对远洋渔船的油补。一方面近海资源枯竭，远洋渔业开始发展；另一方面金枪鱼在国际市场上有着庞大的需求量，欧美市场、日韩市场需求量巨大。

在多方考察和论证后，鑫发发现非洲东海岸印度洋海域的斯里兰卡公海以及毛里求斯公海有着丰厚的金枪鱼资源，而当地的渔业非常不发达，于是，鑫发开始涉足远洋捕捞。2013 年，由黄海造船厂新建的首批 20 艘远洋围网船，开赴斯里兰卡公海及毛里求斯公海海域进行捕捞生产。公司计划 2014 年在斯里兰卡投资 1.9 亿元建设远洋基地，这是国内渔业企业在印度洋区域设立的首个远洋基地，基地建成后年可服务在印度洋海域作业的中国渔船 300 艘，年可捕捞金枪鱼 6 万吨以上，自捕的金枪鱼全部运回国内，满足了蓝润金枪鱼加工原料供应。

“在创业初期，蓝润集团也是交了很多学费，走了弯路。”一位公司的元老说。金枪鱼是高度洄游鱼类，如果不游动就没法呼吸，所以围网捕捞的金枪鱼要立刻冷冻，如果不及时冷冻，金枪鱼会产生对人体有害的组胺，因此，金枪鱼对保鲜加工条件要求较高。每次转运金枪鱼，技术人员都要进行严格抽检。

起初，由于受低温运输船只等条件限制，捕捞的金枪鱼不得不在海上低价出售，回运比例不足 10%，这造成了高端资源的浪费，导致产业链的高端环节被国外企业把控。为改变渔业产销“两头在外”的格局，鑫发控股公司先后投资 5.5 亿元，建设金枪鱼加工和冷链物流基地。此后，金枪鱼捕捞实现 100% 回运深加工，相比在海外低价出售，价值提升十几倍。目前已建成国内最大的 1.5 万吨 -60℃超低温冷库和 10 万吨 -25℃的低温库。

现在，随着产业链的延长，金枪鱼作为原料自捕的比例大大减少，进口比例大幅提升。公司参加国际水产海鲜及加工展览会，既是采购商又是供应商，融入国际贸易当中。

在蓝润集团生食金枪鱼加工车间，我们可以看到一片忙碌景象——刚刚出库的超低温金枪鱼还披着冰霜，工人们趁鱼体尚未解冻，麻利地将金枪鱼进行分解，其中最好的部位被切成厚薄均匀的生鱼片。“我们生产的金枪鱼产品主要是高标准的生鱼片，正在分解的这批金枪鱼是出口日本的。”金枪鱼车间负责人介绍道。分解后的金枪鱼一点也没有被浪费，鱼头、鱼脖、鱼尾都被单独分拣储存，剩下的鱼皮、鱼骨等部分会进入另一套高新流水线作业设备，经过一系列加工后从中提取出高端的金枪鱼胶原蛋白肽。

起初的金枪鱼除了加工成生鱼片，就是加工成鱼柳，供应给国外的企业。当时的大客户是一家泰国公司，也是金枪鱼罐头行业的老大。没有可以借鉴的技术标准，蓝润也在不断摸索中，向泰国、美国等国家的企业学习。由于客户严格的采购标准，蓝润形成了自己的企业标准，并且牵头制定了中国金枪鱼加工行业的行业标准，而他们自己的企业标准是远远高于行业标准的。

为响应山东省委、威海市委及荣成市委“发展蓝色海洋经济圈”的号召，鑫发公司致力于发展远洋渔业。目前，鑫发控股的远洋捕捞生产范围已覆盖大西洋、印度洋和中西太平洋的广袤深海，包括金枪鱼围网捕捞、延绳钓捕捞和拖网捕捞在内的各类专业渔船驶向各大洋近远海从事捕捞作业，出品的渔获产品通过了欧盟认证，运输产品取得了欧盟准入许可，深受欧洲消费者喜爱。在日本，蓝润金枪鱼渔获产品绝大部分被鉴定为A类品级，成为“抢手货”。雄心勃勃的鑫发控股并不满足于此，“要大力加强远洋渔场开拓，把五星红旗插遍五湖四海，成为国内外远洋渔业界一股不可小觑的力量”。

扬帆万里　打造新引擎

耕海牧渔，驶向深蓝，背后更多的是布局的优化，技术的比拼，实力的对碰。

经过多年的发展，鑫发集团完成了从传统渔业公司向大型专业远洋渔业公司的转变，经营方式也从单一捕捞生产转向了多元综合经营。

而中国的远洋渔业受制于历史和现实等因素影响，虽然前景可观，却发展迟缓。以山东省为例，虽然远洋渔业起步早，但基础较弱，可持续发展能力较差。

一方面产业布局失衡，企业良莠不齐。绝大多数企业呈现散、小、弱的特点，规模化、集约化、组织化程度偏低，呈现条块分割、自我封闭的状态，合作意识比较淡薄，往往各自为战，难以形成合力。

另一方面，资源布局不够合理，产业链单一。长期以来在捕捞生产方面的大量投入造成产业链上游的资本“过于拥挤”，成本高、收益低，甚至“负收益”，而且在运输、供给、贸易等环节的资源配置较少，运营能力偏弱。

“上述问题将倒逼产业资本和资源的进一步优化调整，产业整合速度将加快，企业面临优胜劣汰，结构单一、管理能力偏弱、竞争力差的企业将被兼并重组或倒闭，产业链完善，尤其是具有较强的多元业务关联能力和经营、技术创新能力，有竞争力和成长性的企业将脱颖而出，成为行业龙头和标杆，带动产业发展，参与国际竞争。”鑫发控股的负责人说，“我们要延伸产业链，强化链条延伸的深度和广度，围绕高质量发展精心规划培育新兴海洋经济产业。”

蓝润的初衷就是想卖金枪鱼。以打造国内最大的金枪鱼加工企业为目标，2014 年公司注册了“蓝越”品牌商标。有着丰富的金枪鱼资源，蓝润人决定把产业链由原来的单链变成网状链，以“一条鱼一个产业”为目标，提高“海洋里的大熊猫”的综合利用率，持续向金枪鱼精深加工的“专、精”发力。2015 年，蓝润生物科技有限公司成立，这是国内首家以深海金枪鱼骨为原料生产胶原蛋白肽的企业，蓝润的金枪鱼产业也由水产加工延伸到了生物科技。

2013 年，想让鱼骨里长出金子的蓝润集团，找到了拥有多年胶原蛋白研究经验的北京化工大学，并与其开展了合作，成立了“金枪鱼资源有效利用联合实验室”，专门研究金枪鱼产业废弃物的高效利用技术，并取得了“利用金枪鱼骨制备高活性胶原肽”“利用金枪鱼骨胶原肽制备多功能性护肤品”及“促进骨细胞生长的金枪鱼骨胶原肽保健品”等多项科技成果，申请了两项国家发明专利，为逐步实现海洋生物资源加工利用“零排放”探索了新途径，填补了国内金枪鱼骨胶原肽领域的空白。

“每吨金枪鱼可产生 200 公斤左右的鱼骨，这些鱼骨可提炼出 4 公斤左右的胶原蛋白肽粉，价值约 2 万元，若是继而再生产成面膜，市场价将蹿升至 6 万至 8 万元。”鑫发控股有关负责人说，“我们正在建设鑫发海洋生物科技产业园项目，该项目不仅能全面提升企业的研发能力、技术水平和加工品质，还将采用最先进的酶解技术，对加工辅料进行生物提纯，实现综合利用。”

蓝润生物科技销售经理说:“至少有十几家公司想要找北京化工大学合作，

但最终北化只选择了我们。因为我们的原料具有明显的优势，是天然无污染的。”以前废弃的鱼骨现在也成了“香饽饽”。通过与北京化工大学强强联合，蓝润从金枪鱼鱼骨中提取出了比胶原蛋白分子量更小的、更易被人体吸收的胶原蛋白肽。“这是非常珍贵的原材料，论克销售，每克5元。以前，捕捞的金枪鱼都直接出售，价值较低，现在回运后通过分解出售、生物提取，金枪鱼的价值被充分利用，附加值可翻好几倍。”胶原蛋白肽车间负责人介绍。

技术优势：蓝润与北京化工大学黄雅钦教授研发团队合作共同研发出拥有专利证明的可控复合酶解技术，最大限度保留了金枪鱼本身肽段的营养活性，真正意义上实现了分子量的可控，保证了金枪鱼胶原蛋白肽中氨基酸种类均衡，使其优越于其他厂家通过膜分离技术进行分子量的控制。其分子量为1000道尔顿以下，每克棓丽森金枪鱼胶原蛋白肽都具有高生物活性和高利用转化率。

原料优势：金枪鱼为热血恒温鱼类，其体温保持在35℃，区别于其他冷血变温鱼类，其胶原蛋白肽稳定性更好，活性更高。精选深海贵族金枪鱼为原料，全程低温储运，确保原料新鲜无污染；源自深海，确保原料无养殖用抗生素及激素残留；全程可追溯，确保产品安全天然健康。

目前，已建成了10万级洁净度的制剂车间、GMP标准生产车间，并购置了达到国际先进水平的全套流水作业设备及化验设备，年生产金枪鱼胶原蛋白肽冲剂、饮品300吨，金枪鱼护肤品、面膜20万片，可实现年产值1亿元。项目可使金枪鱼宝贵资源得到最大限度的利用，使金枪鱼加工附加值提高20%以上，实现资源有效利用，减少环境污染，引领山东半岛蓝色海洋产业的发展，通过示范带动作用，推动山东海洋传统产业转型升级。

随着科技研发水平的不断提升、科技队伍不断壮大，蓝润也受到了政府的高度关注和认可，先后被山东省海洋与渔业厅授予“山东省海洋工程技术协同创新中心”称号，被威海市发展和改革委员会认定为“威海市金枪鱼资源高效利用工程实验室”，被威海市经济和信息化委员会评为“威海市企业技术中心”。

乘势而上，2019年山东蓝润蔚蓝谷海洋食品有限公司成立，立足于批发零售及网上销售食品和藻类，水产品加工及销售，以及货物和技术的进出口业务。

谁也想象不到，20多年前，这家创始之初仅拥有一间库容很小的冷藏车间的小公司，能快速壮大发展，成长为威海挺进深蓝的领军企业之一。

龙头担当　引领高质量

受到中美贸易摩擦及日本经济不景气的影响，2019 年金枪鱼市场面临较大的不确定性，上半年与去年同期相比金枪鱼销售价格有一定幅度下降，下半年销售价格持续低位，拓展国内市场显得尤其迫切。

“日本市场在萎缩，美国市场受到中美贸易摩擦影响，关税增加了 10%—25%，而俄罗斯市场坚持高品质和高标准，相对比较稳定，在这些海外市场中有一定的竞争力。”过去几年来，蓝润集团开始重视国内市场，在国内的销售额有明显增长，但受到历史和现实等多重因素影响，国内销售市场迟迟没有打开，与金枪鱼消费大国相比还存在不小的差距。集团正在采取多种措施，试图破解当前制约国内市场拓展的诸多问题。

“日本金枪鱼消费量每人每年接近 4.5 公斤左右，每个超市、酒店都有超低温冷柜，能够满足金枪鱼 -60℃储存的需求，而国内在超低温储存运输上仍然存在短板。”蓝润有关工作人员介绍说，“金枪鱼营养价值高，其中 DHA 和 EPA 含量很高，都是婴幼儿奶粉的重要成分。”

与三文鱼需要 -20℃冷冻保存相比，金枪鱼需要 -60℃以下的超低温运输储存，以保持细胞活性。再加上多数中国人受到传统消费习惯影响，不爱生吃肉食，金枪鱼的国内市场进展较慢。

提高产品和服务的质量，围绕优质、绿色健康的金枪鱼产品和专业服务，强化品牌宣传，提升品牌形象，打造具有核心竞争力的自有、统一的品牌，以品牌赢得市场已经成为蓝润下一步的重点工作之一。

此外，面对复杂多变的国际国内形势，蓝润正在开发日美以外的市场，例如欧洲、东南亚以及非洲市场，以改善目前主要依赖日本市场的比较单一被动的局面以及降低美国挑起的贸易摩擦带来的影响。

积极开发国内市场，拓展国内销售渠道，通过打造金枪鱼品牌，在国内传播金枪鱼知识，进一步提高金枪鱼国内销售占比，为实现小康的中国人民提供更多更好的高品质蛋白质，满足人们日益增长的美好生活需要，同时继续严格降本增效，努力实现增收节支。

为了促进国内金枪鱼产业的发展，企业希望国家能保持和巩固现有有关远洋渔业优惠政策，并结合经略海洋和“一带一路”建设提高政策力度与广度。比如在远洋渔业优惠政策上，企业也希望国家对金枪鱼能有所补贴。一位蓝润人说道：“目前公海的金枪鱼资源发达国家分的‘蛋糕’远远多于发展中国家，所以发展中国家能抢占的份额相对较少。为了提高资源占有率，企业自己去寻找配额，收购发达国家‘退役’的渔船，购买他们的船号，而这笔费用对民企来说是很大的一笔开支，希望国家能在这方面给予补助。”

为了坚持“以质量求生存、以信誉求发展”的质量方针，实现产品安全合格率 100% 的质量目标，蓝润人为品牌建设做好了最坚实的保障。在原材料的选择上，做好源头的保障；在生产环节，有国际化的生产标准；在储存环节，有现代物流管理体系；在产品检验上，有百分百的合格率；在产品销量上，稳步增长。

有了质的提升，公司获得了一系列认证和荣誉称号。2013 年获得输美水产品的 HACCP 认可证书，通过出口欧盟水产品注册认可，获得韩国、俄罗斯、越南、印度尼西亚注册资格，通过了 IS09001：2008 质量管理体系认证、环境管理体系认证和职业健康安全管理体系认证；2014 年注册了蓝越商标；2015 年通过了犹太洁食认证、清真认证。通过软硬件设施的不断完善，公司获得了政府、媒体及消费者的高度认可，2014 年获得“全国百强农产品经纪人”称号、“山东省远洋渔业产品精深加工及冷链物流基地”称号，2015 年获得“全国四星级冷链物流企业”称号，2016 年获得“山东省名牌产品”称号，并多次获得了中央电视台及山东省内各大媒体专题宣传报道。“蓝越”品牌得到了国内外消费者的认可，公司年销售收入逐年攀升，发展势头良好。

在威海市2020年企业冲击新目标誓师动员大会上，鑫发控股董事长王晓军掷地有声地说：“我们持续向食品精深加工、生物科技、海工装备等领域升级转型，不断延伸产业链、价值链。作为市里确定的向50亿元目标冲刺的企业，我们确保今年总收入达到46亿元，到明年超额完成50亿元目标！”王晓军说得如此有底气，得益于鑫发24年来不断转型升级，而围绕金枪鱼串起的产业链条，也成为鑫发的一张最强“王牌”。

一条金枪鱼，串联起冷链物流基地、超低温冷藏、传统加工提升、功能食品研发、废弃物高值化研发、海洋医用食品和保健品研发等多个环节，打造出一条上中下游衔接配套、前沿与资源对接、后端与生物高端接洽的全产业链。

如今，放眼鑫发控股的版图，海藻加工、金枪鱼加工、船用脱硫……无处不是企业开拓创新，探索新市场的发展印记。随着技术不断创新突破，企业即将完成一整幅海洋产品精深加工与海洋装备制造的“大拼图”。

回看过往风景，鑫发绝不满足于此，而是要抓住历史机遇，继续把新旧动能转换这篇大文章做好做细，把高质量发展的路走好，驰而不息，久久为功。

未来，围绕新旧动能转换，还有很多的功课要认真去做，继续坚持“经略海洋”大计，服务“一带一路”建设，为山东省海洋渔业新旧动能转换再做更多更大贡献。

一条鱼带动了一个产业。从无到有、从有到优，在全球渔业产业转型、格局调整的新征程中，蓝润集团正昂首阔步迈上新的台阶，迎来新的春天。

研讨题：

1. 创业初期，蓝润集团遇到了哪些难题，走了哪些弯路？

2. 围绕金枪鱼做文章，蓝润集团打造了怎样的金枪鱼全产业链生态闭环？

3. 蓝润集团打造金枪鱼全产业链，对当下企业进行新旧动能转换，实现经济高质量发展有什么启示？

人才振兴

以智兴企　助力乡村振兴

——好当家集团有限公司人才政策的实践和思考

赵紫涵

【引言】

2018 年 3 月 8 日，习近平总书记在参加十三届全国人大一次会议山东代表团审议时强调："让愿意留在乡村、建设家乡的人留得安心，让愿意上山下乡、回报乡村的人更有信心，激励各类人才在农村广阔天地大施所能、大展才华、大显身手，打造一支强大的乡村振兴人才队伍，在乡村形成人才、土地、资金、产业汇聚的良性循环。"

【摘要】

好当家集团有限公司是一家集水产海珍品育苗与养殖、食品加工、保健食品、生物制药、远洋捕捞、滨海旅游等产业为一体的大型企业集团，其控股的公司山东好当家海洋发展股份有限公司是全国海水养殖业第一家 A 股上市企业。好当家也是乡村振兴战略的排头兵和引路人，早在几年前好当家就让附近近万名村民过上了小康生活。好当家一直将人才培养与引进视为公司发展的工作重点之一，坚持尊重知识、尊重人才、尊重劳动、尊重创造的人才理念，做到以人才培养模式改革为突破点，以服务企业发展为落脚点，探索适应社会发展和企业实际的人才培养机制，探索新型人才培养方式，逐步完善了"自我培养筑基础、人才引进促发展、借力引智站高端"三位互补的人才培养模式，为企业经济发展提供了强有力的人才保证和智力支持。

【关键词】

人才培养与引进　科研兴企　造福乡亲

在好当家集团厂区，育苗车间蔚蓝色的屋顶连成一片，与一望无际的养殖区成为一体，交相辉映，蔚为壮观。“一只海参、百亿产业”的目标正从这里起航。

同行的工作人员介绍说，时下正值好当家秋参捕捞季，远远望去养殖区内运送采参人“海猛子”和海参的舢板穿行其中，好不热闹。

好当家集团起源于公社渔业大队，发展于体制改革，兴盛于上市融资。从布局海参产业开始，好当家董事长、掌舵人唐传勤就打造了海洋渔业相关的商业版图。如今好当家已经成长为集远洋捕捞、水产养殖、食品加工等产业为一体的大型公司。

探秘好当家集团 40 多年来的发展历程，它之所以能够在日趋激烈的市场竞争中站稳脚跟，非常重要的一个原因是对创新、对研发人才的高度重视。从草创时期只有初中文凭的草台班子，到今天拥有 15 名博士、32 名硕士的专门科技研发团队，好当家一路走来，依靠人才支撑创新，而创新奠定坚实的技术基础，这也使其顺应时代要求，掌舵行业发展未来。

自我培养：筑牢基础，成就终生事业

有句老话叫“能上山，莫下海”，在辽阔的大海面前，人类的能力总是微不足道。彼时，好当家的前身——邱家渔业大队主要的作业方式是捕捞，对渔家人而言，出海捕捞既意味着有渔获，更代表着可能面临的无数凶险。尤其是当时的渔船无论是性能还是运力，都相对薄弱。

创业之初好当家人凭借着渔业大队的 25 间破房子和 26 条小舢板，在改革开放的大潮下，以渔家人的坚持与韧性、熟练的技术和战天斗地的奋斗精神，从捕捞业起家，在大海里捞取了第一桶金，完成了企业发展的原始资本积累。

到了 20 世纪 80 年代初，好当家开始实施“以养兴渔”战略。随着养殖品种的增加和规模的扩大，好当家人逐渐意识到要想把养殖业做好做大，专业技术人员必不可少。

1990 年，好当家引进了日本、韩国在食品加工领域的新技术、新产品、新制度，开拓了在日韩的贸易市场，成为威海市首家对外合资的企业。

20世纪90年代初是好当家第一个产业扩张和升级高峰期。业务的迅速扩展对员工的专业技能提出了更高的要求，财务、养殖技术等人才缺口比较严重。好当家曾为了招聘一名外地技术人员“三顾茅庐”，几经周折之后，却遭遇临时毁约的结果。

“创办一所学校，培养属于自己的本土技术人员”，这个想法被当时的很多人认为是天方夜谭。“一个搞养殖的，办学校是不是有点不务正业”，“投资多见效慢，得花多少钱”，这样的疑问在很多人心中产生。但是，好当家的创始人唐厚运却深刻意识到，缺少专业对口人才将制约企业产业升级和版图扩张。新技术、新设备，需要新的人才来掌握和操作。

他力排众议，在公司内部统一了思想。1992年，好当家投资100多万元建起国内第一家渔业企业自办的中专学校——好当家海洋学校，根据公司的人才需求进行有针对性的培养。学校开设了海水养殖、食品加工、财会、商务外语、电气焊等专业，学生学成后直接被分配到公司内部就业。

引进师资、招揽生源、制定培养计划、拨付校用资金……时间从来都是冷眼旁观，但总会为正确的决策正名。如今，历经了早期人才自主培养的艰辛与寂寞，从海洋学校走出来的毕业生遍布公司各产业，归属感和荣誉感让他们将集团的事业作为自己终生奋斗的事业。其中财务总监宋荣超、智能开发公司经理陈旭明都是以海洋学校优秀毕业生的身份登上领导岗位，成为公司发展的中流砥柱。

谈起在好当家学校学习的日子，宋荣超眼中闪耀出“恰同学少年，风华正茂”的光彩，“说实话，当年就业包分配的宣传吸引了我”。现在担任公司财务总监要职的他说：“我非常感谢公司的培养，也会竭尽全力回馈公司的栽培。”

在办好学校、培养专业技术人员的同时，好当家很早就积极尝试企业与高校联合。2002年好当家集团投入资金50万元，在烟台大学人文学院设立教育奖励基金，用于优秀学生的奖学金，特困学生的资助资金以及教师的教学、科研奖励基金。

到2003年好当家集团海洋学校与烟台大学成功联姻，好当家成为烟台大学人文学院、海洋学院的教学实习基地，学院也为好当家提供科研支持。

深耕细作：发动一场养殖技术的革命

20世纪90年代中后期，伴随着产业升级的需要，好当家急需大量专业技术性人才，为此公司董事会制定了一系列优惠政策，人力资源部门每年参加各大高校招聘会近100场，吸引了大量优秀人才前来。多年来共有上千名高校毕业生在好当家工作过，他们在好当家这片沃土上施展才华，建功立业。比如好当家海洋生命科学院院长胡炜、水产研究所所长谭福祎、科研处处长鞠文明等人，在各自的岗位上发挥了巨大作用，在加快公司结构升级、产品更新换代、技术手段推陈出新等方面发挥了重要的作用。

现任好当家集团有限公司国家企业技术中心主任、正高级工程师孙永军也是其中的佼佼者。1996年，孙永军从中央经济学院毕业后到好当家集团工作。他在好当家的事业从养殖场的一名普通技术员起步。

当时，好当家的养殖规模已经全国知名，但是海参养殖刚刚起步，技术上还不成熟，没有形成固定的养殖模式和主打品种。集团于2006年成立科研团队，高薪聘请专家，反复实验不同品种的混养比例。孙永军则出任养殖方面的技术员。

孙永军发现，海水养殖上升空间很大，但是养殖水体利用率比较低。

他回忆说："为提高水体利用率，我一头扎进实验室里，和同事们开始攻关。有时，为了一个数据，我们在枯燥的实验室里连续实验十几个小时，饿了就啃口方便面，渴了就喝口凉开水；有时，正值数九寒冬，我们也要潜入五六米深的海水里获取实验样本。"

一摞摞原始笔记，一份份实验数据，成为孙永军和同事技术研发的数据支撑。他们不怕吃苦受累，不厌其烦地反复琢磨，终于解决了这一技术难题，在业内首创"海参海蜇立体生态混养技术"。利用该技术水体利用率可提高30%，年可增加效益5000万元以上。

这之后，孙永军和同事一鼓作气，试验出了更先进的养殖模式，养殖设备也在反复的试验中不断创新，每一次试验都是一场养殖技术的革命。

那时我国的海参市场发展迅速，以至于很多没有源头供应的海参企业越到销售旺季越无货可卖。做好海参产业的源头，其实就是牵住了产业的牛鼻子，只要有终端市场，源头产业就会长盛不衰。而育种就是海参产业中的源头。

于是孙永军和他的同事又开始了艰苦的育种工程。他回忆说：“为了保证育种成功，我把铺盖卷搬进车间，吃住在车间。铺盖接触到海水的潮气，变得又板又潮，躺着极不舒服，更多的时候是和衣而眠。”此中的艰辛可以想象。

刚孵化出来的海参个头极小，被技术员们叫作“小白点”。海参苗对饵料、生存环境、投饵间隔等要求极高，一点点偏差都会降低参苗的成活率，甚至造成参苗的死亡。整个过程需要技术人员付出反复的试验和不间断的观测、执着的坚守和精心的呵护。

经过攻关团队长达14年的无数次实验摸索，刺参新品种相继问世，如2015年的“崆峒岛1号”刺参、2019年的“鲁海1号”刺参。其中“鲁海1号”的种苗繁育技术、底播增殖技术等12个关键技术已在山东沿海推广普及。2013年至今，累计新增产值35.9亿元，新创利税11.4亿元。

这些年辛勤求索，换来的是珍贵的科研成果和实实在在的技术进步。孙永军先后主持参加国家科技支撑计划、星火计划、省农业良种等项目9项，制（修）定标准18项；发表论文27篇（SCI 8篇）；授权发明专利34项，其中，第一完成人授权发明专利20项；获科技奖励34项，“刺参生态苗种培育与健康养殖技术建立与应用”获省科技进步二等奖，“海参功效成分解析与精深加工关键技术及应用”获国家科技进步二等奖。组建了国家级企业技术中心、山东省海上粮仓遗传育种中心，获“全国渔业科技创新领军人才”“全国食品工业科技创新领军人物”“山东省五一劳动奖章”“山东省齐鲁乡村之星”“威海工匠人才”等多项人才称号。

企业的成长伴随着挑战与坚守，而它旺盛的生命力则源于不断创新、追求极致、引领行业先机。唯有人才，才是创新的坚实根基。没有人才优势，就不可能有创新优势、技术优势、产业优势。正如任正非所言，在现代商战中，只有技术自立，才是根本，没有自己的科研支撑体系，企业地位就是一句空话。好当家正是因为有了一批像孙永军这样扎根生产一线、下沉到企业车间的实干专家，才能实现在养殖全产业链领域技术领先，做出傲人的成绩。

借力引智：赢得东风好扬帆

进入21世纪，好当家开始向科技型、集约型靠拢，在自身还不具备强大的科研实力时，“借力引智”成为好当家解决人才瓶颈的最佳途径。

通过合作，好当家分别引进了山东省科学院生物研究所刘昌衡、中国水产科学研究院黄海水产研究所王印庚、中国海洋大学高勤峰、烟台大学孙利芹等团队。数百名高技术人才来到好当家进行养殖技术、食品研发工作，为公司的前沿技术探索和管理水平提升保驾护航。

其中，与刘昌衡团队的缘分要从十多年前说起。

今天提起即食海参，大多数人已经不再陌生，它解决了吃海参的烹煮难题。即食海参源自唐传勤的大胆想法——“什么时候吃海参也能像方便面那样，打开就能吃就好了”，也源自好当家与刘昌衡团队的成功联姻。

2002年，当国内的绝大多数海产品加工厂家还在将打捞上来的鱼去掉骨刺，低价销往国外的时候，好当家开始琢磨如何走深加工的路子。

企业斥巨资从日本购进了一台生产“海鲜酥饼”的机器。然而紧接着好当家就遇到了难题，生产出的“海鲜酥饼”保质期仅仅为1个月。不能长期保质成为产品销售的一大劣势。怎么办？好当家想到了与山东省科学院进行合作，专家应该可以给出正确的解决途径。

“第一次和我们合作，企业还是试试看的心态，第一笔合作资金只有3万元。”刘昌衡说。

尽管初次合作项目不大，但是随着难题的解决，好当家看到了科技创新的力量。接着延长海参保质期这一课题，进入了双方的视野。

海参营养价值高但做起来却很麻烦，发制干海参本身就是一门学问，技巧不对，海参的口感和营养成分都将被大大破坏。

好当家提出与省科学院共同研发“即食海参”。2003年的365天里，刘昌衡在好当家的加工厂里驻扎的时间超过了300天。进行了上百次乃至上千次反复实验，大量海参原料被浪费，巨额研发资金被投入……聊起发明研制即食海参的那些日日夜夜，刘昌衡的声音仍然透着兴奋。在这个过程中，山东省科学院与企业联合成立了“山东省科学院好当家集团联合实验室”，企业每年向科学院支付一定数额的科研经费，这样的合作方式，一直延续至今。

2005年，在双方合作攻克了水产品转化为常温、即食产品的技术难关后，一种全新的“即食鲜海参”问世了，并热销大江南北，企业的销售额和利税因此创造了新的奇迹。双方合作的项目课题——“海参深加工技术研究”中的相关技术获得了国家发明专利、中国食品工业协会科学技术奖一等奖和山东省科技进步一等奖。

“即食海参的成功，是双方合作的结果，企业的创新意识和科研队伍的全身心投入，两个要素缺一不可。”刘昌衡说。

2010年开始，好当家与山东省海洋科学研究院李成林教授团队开展了海珍品良种培育与高效生态养殖技术开发战略合作。好当家拥有得天独厚的资源优势，而山东省海洋科学研究院掌握先进的技术。双方强强联合，共同开展海洋牧场规划与建设、海参良种更新换代与苗种扩繁培育、大水面高效“只投苗，不投饵”有机生态养殖技术等方面的产业技术合作，全力共建“海上粮仓”。

好当家再一次从与科研团队的合作中尝到了甜头，大胆的想法通过科研专家的巧手变成了现实，科研是企业的“命根子”，是推动利润增加的动力；科研团队也从中受益，充分利用好当家的资金和市场优势，人才和技术有了用武之地，产学研合作在实践中落地。

在此期间，好当家不断加强与外力的对接，先后与中国海洋大学、中国水产科学研究院黄海水产研究所、中科院海洋研究所、山东省科学院、江南大学等30多家国内高校，以及俄罗斯科学院远东分院、澳大利亚弗林德斯大学等10余所国外高校建立了紧密的产学研合作关系，与各类高层次专家共同组织实施了30余项研发项目并实现产业化，累计创造经济效益3亿多元。

种好梧桐树，凤凰自然来

2021年11月3日，再一次传来喜讯，好当家集团参与承担的“海参功效成分解析与精深加工关键技术及应用”获得国家科技进步二等奖。打开好当家的“成绩单”，每一项都凝结着专家和技术人员的汗水和付出。

“十二五”以来，好当家共承担实施省级以上科技创新项目35项，其中国家级项目6项；获得省级以上科技奖励20余项，其中获得国家科技进步二等奖2项，山东省科技进步一等奖2项、二等奖2项、三等奖2项；累计申请发明专利140项，授权发明专利81项。

这些闪耀着金色光芒的成果，靠的是好当家的专家们能啃硬骨头、敢砸硬核桃，一个接着一个攻城拔寨，攻下一个又一个山头；靠的是好当家人深刻意识到，科技进步日新月异，研发没有尽头，意识到人才的重要性，积极引进人才，珍惜人才，“才尽其用”。

目前，好当家已建成一支 308 人的专门科技研发团队。其中，泰山产业领军人才 4 人、享受国务院和省政府特殊津贴的专家 8 人、山东省有突出贡献的中青年专家 3 人；博士 15 人、硕士 32 人；教授级高工 14 人。

优秀的科研团队需要优良的企业科研环境和鼓励创新的文化环境，而良好的环境又进一步激发科研人员的创新活力，为企业贡献更多的科技成果，创造更多的利润。

在谈到创新文化的重要性时，西门子集团技术副总裁曾指出：“员工的优秀表现是企业取得成功的基石。优秀不仅仅体现在对技术本身的掌握程度，更多地关系到动机和主动思考等与个人品质相关的因素。我认为好的工作环境能大大激发人们的创造热情，这个环境除了有利于相互协作的同事之外，更重要的是它可以帮人们实现自己的想法。”

随着人才队伍的不断壮大，为了给科研团队提供更好的科研环境，好当家集团不断夯实基础建设，完善人才培养的支撑条件。好当家已经累计投入 1.5 亿元，建起了总面积达到 1 万多平方米的研发中心，采购原值 9000 多万元的各种仪器设备 320 台（套）供科研人员使用。

科研经费的持续投入，是科研工作平稳有序开展的基本条件，为此好当家制定了《科研经费投入使用办法》等文件，每年按照不低于销售收入 4% 的比例投入研发经费，近三年累计投入研发经费 3.78 亿元，同时还设立了每年 2000 万元的高层次人才发展专项资金，用于引进高端人才创新项目及相关配套扶持，充分发挥人才的主动性、能动性。

为了实现人才引进上的互利双赢，公司制定了《人才管理制度》《绩效考核管理制度》等文件，对引进人才通过签订合同约定双方的职责和权利义务、物质待遇、成果权属等细节问题，允许引进人才以技术入股、利润分成等方式实现科研价值。对产业化的成果根据专业评价，结合效益情况按照约定兑现绩效分红，最大限度激发人才创新热情。

邓小平同志早就说过："……不重视物质利益，对少数先进分子可以，对广大群众不行，一段时间可以，长期不行。""如果只讲牺牲精神，不讲物质利益，那就是唯心论。"改革开放初期这段话，今天在企业的人才激励机制中也一样适用。

对于引进的人才，好当家实行岗位聘任制或项目负责制，在人、财、物等方面给予充分自主权，并建设了 2800 平方米设施齐全的专家公寓，免费提供给人才团队成员居住，公司医院定期为人才提供免费医疗保健服务。对于入选省级以上人才项目的人才，每人每年按照上级扶持总经费 1 ∶ 1 比例配套科研经费，同时免费为其提供 1 套住房和 1 部专车，配备不少于 10 人的科研团队，全力保障引进人才舒心、安心地开展创新。

尾　声

产业蓬勃发展的同时，好当家作为起家于渔民的企业也深深认识到自身的社会责任感。回馈乡亲和百姓，带领乡亲们过上更好的生活，成为了好当家一路走来的使命和追求。

好当家总部坐落的虎山镇，旅游资源丰富，素有"山东省旅游风情小镇"的美称。从 1999 年开始，好当家在上级政府支持和村民自愿的前提下，成功合并了 8 个自然村，并投入 5 亿多元实施新农村建设，让近万名乡亲过上了现代化的小康生活。2017 年，虎山镇以"海参小镇"的鲜明特色以及传统与现代相结合的海参产业形态，入选第二批全国特色小镇。

人才和科技是企业在竞争中立于不败之地的不竭动力，也是乡村振兴的源头活水。重视知识，尊重人才，倚重科技进步，好当家特色产业之路的故事还在继续上演，它也将与乡亲们一起创造更加美好的生活，在乡村振兴的沃土上结出累累硕果。

研讨题：

1. 好当家集团人才政策的探索和实践对荣成其他同类型企业有哪些借鉴和启示？

2. 荣成市近年来大力引进各层次人才，出台相关的人才激励政策。从个人工作经验角度以及荣成发展全局出发，你会对荣成的人才政策、人才环境提出什么样的建议和意见？

3. 企业如何助力乡村振兴？

农民合作联社里的追梦“三剑客”

——荣成市荫子镇返乡人员创业发展之路

张坚栋

【引言】

2018年3月8日，习近平总书记在参加十三届全国人大一次会议山东代表团审议时发表重要讲话：“让愿意留在乡村、建设家乡的人留得安心，让愿意上山下乡、回报乡村的人更有信心，激励各类人才在农村广阔天地大施所能、大展才华、大显身手，打造一支强大的乡村振兴人才队伍，在乡村形成人才、土地、资金、产业汇聚的良性循环。”人才是乡村振兴中最关键、最活跃的因素，乡村振兴的各方面都需要有人来实施，更需要人才来创新发展。实现乡村振兴，就要让更多的人才愿意来、留得住、干得好、能出彩。

【摘要】

近年来，荫子镇坚持把乡村振兴中的人才队伍建设放在突出位置，按照“内培外引”的思路，汇聚各村、社会、在外人才等各方力量，重点从农业实用人才培养、乡村振兴合作社搭建、鼓励投资创业等方面入手，吸引更多人才参与到片区的建设，以片区人才振兴助推片区整体发展。在优秀人才引进方面，重点实施“能人回归”计划，通过乡情人脉，重点吸引荫子籍在外人才返乡。以姜云鹏、张辉、孙启伟为代表的高学历、年轻化返乡创业人员，通过开展新型农业产业化，逐步成长为乡村振兴的首席专家，被誉为返乡创业“三剑客”。

【关键词】

荫子镇　人才振兴　返乡创业　三剑客

荣成市荫子镇前荫子夼村是一个大村，现有村民 470 户，970 人。这个村虽然拥有 3000 多亩耕地，却没有多少农民愿意承包，村里能劳动肯吃苦的年轻人都进了城，剩下了 460 多位六旬以上的老人，占村里总人口接近一半。2009 年以前，前荫子夼村里连个村委都选不出来，何况发展农业产业？如果说年纪大的人种不动地情有可原，而实际情况却是，即使能种也种不出啥名堂。附加值高的新农业玩不转，传统农业靠天吃饭赚少赔多。农民不想种地，不会种地，越种不好越不种地，这种恶性循环一年接着一年恶化，村里的家底也越来越薄。前些年，村里还欠了 30 多万元的债，压得庄户人喘不过气来。正在这时候，村里回来了三位“咱们村的年轻人”，而且来历都不小：一位名叫姜云鹏，江西财经大学研究生毕业，曾经担任武汉顺海评估公司江西省负责人；一位名叫张辉，常州大学土木工程专业毕业，原中石化驻沙特工程师；还有一位名叫孙启伟，南京信息工程学院气象专业毕业，原水利部东北指挥部工程师。这三位 80 后的年轻“剑客”，祖籍都是荫子镇，他们怀揣创业梦想，准备在家乡的黄土堆上大干一场，联合牵头成立了威海市首家乡村振兴产业发展合作联社。“三剑客”的到来，立刻让沉寂已久的荫子乡村热闹了起来。

垦荒与高管之间的抉择

正值秋季，荫子镇北流水村东侧的一片沙质地上，塑料大棚里的 90 多亩“绿色梦幻”葡萄开始收获。这种日本优质选种的葡萄品种在北方种植量非常少，这是姜云鹏经过专家推荐，亲自到日本考察后引进的。2021 年，他将第一次收获的少量“绿色梦幻”葡萄品种引入大型商超试销售，零售价每公斤 80 元。对于这个价钱，姜云鹏并不太满意。他认为，今年利润不算高，是因为农资成本大幅提升，明年的行情，可能会比今年更好。

2013 年，品学兼优的姜云鹏毕业于江西财经大学经济学院，与同班同学相比，他不仅是班长，还是一名保研生。这种光环让他成为各大城市金融行业人才猎头眼中的“香饽饽”。很快，他就被武汉顺海评估公司聘用为江西省分公司负责人。姜云鹏每年都要到北京参加一次同学聚会，到场的昔日同窗，职位最低的也是某家银行的分理处主管，时代让这些学习金融的骄子们得到命运的格外青睐。

然而，姜云鹏却选择回乡当了垦荒的农民。

姜云鹏拿着档案回乡后，父亲劈头盖脸吼了一句："当年供你考研，就是要把你撵出这片土地，打出去又跑回来的鸟儿怎么能成鹰呢？"

姜云鹏的父母原来在前荫子夼村经营一家不大不小的农机公司。小农机技术含量低，市场前景小，公司举步维艰，他们真心想让这个独子去大城市闯荡一番当只雄鹰。

可是姜云鹏接下来的做法又差点把父亲气个半死，他竟然想去种地。姜云鹏当农民的想法早就有了。2008 年，他上大四，曾经去江西省鹰潭市贵溪市的流口镇做暑期三下乡实践，那一个多月难忘的乡村生活，让他感受到南方农村与北方农村的不同。由于实行行政村管理，许多落后的自然村发生天翻地覆的变化：家家有产业，村村有治理，尤其是农业产业蓬勃兴起，让村里的年轻人有收入、有希望、有奔头。农村干部普遍年轻化、知识化，这使得乡村生机蓬勃。一批批懂技术、擅管理、有理想的新型农民逐步成长起来，大家不愿意离开乡土，因为没有比家乡更适合创业的地方。

但很快，姜云鹏就发现这是自己一厢情愿的冲动。一位衣领笔挺的小青年站在地头上，农民们连招呼都懒得打，更别提那些奇奇怪怪的种地理念。这时，深知儿子倔强性格的父亲却鼓励他说，想当农民，就得跟农民有一样的吃穿，一样的口音，要先接地气儿。

年轻气盛的姜云鹏开始穿着一双沾满黄土的胶鞋跑乡串户帮着父亲推销农机，全镇三十多个村庄，他几乎全都跑遍，在那熟悉的乡音中，逐渐学会了与农民打交道。而乡亲们也喜欢起这个有知识的小伙儿，农机坏了找他修，找他改进。很快，姜云鹏成了一名地地道道的庄稼汉。但是他又与普通的传统庄稼汉不同，许多新的想法、新的规划和新的目标在他的心中渐渐变得成熟、清晰和笃定。

2017 年，他把这些梦想向自己的两位中学发小毫无保留地倾诉了一番。孙辉当时正在沙特中石化油田项目担任工程师，年收入 20 万元。孙启伟大学毕业后去了东北一家水利工程指挥部工作，收入也很可观。这两位抱着"铁饭碗"的小哥们儿被姜云鹏一番雄心壮志冲得热血沸腾，尤其是对于振兴家乡农业产业，带动乡亲们共同富裕的设想。三位 80 后的小伙子决定，要成立自己的农业合作联社，在家乡的黄土地上当一回创业的“剑客”！

农技结合崭露锋芒

起初，姜云鹏在自家的小型农机加工厂帮助父亲工作。后来，他发现这种既笨重又功能单一的农机，不仅生产成本较高，而且市场竞争激烈，销售越来越不畅。于是他开始了探索研究农机的设计和改造之路。

2016 年，姜云鹏创立威海市佳盛机械科技有限公司，把精力全部放在了特种农机具的研发、设计和生产上。两位返乡同学的到来，更让他如虎添翼，他们自费去大城市图书馆找资料，去农机大厂学习考察，到各高校院所拜师求学。回乡后，三个臭皮匠顶个诸葛亮，他们与工人师傅彻夜苦干，从设计到锻造，从图纸到工艺流程，从加工到安装，通过一次次的努力和尝试，他们带领研发人员先后生产出多款中药材播种机，获得山东省农机装备研发项目 1 项、实用新型专利 8 项、山东省农业机械推广鉴定证书 8 项。

2018 年，姜云鹏带队研发的轴针孔式西洋参气力精密播种机，成为国内首台西洋参精密播种设备，极大地填补了国内空白，实现了西洋参播种的高效率、机械化、自动化。同时，设备获得了国家发明专利，并荣获 2019 年“创青春”中国青年创新创业大赛全国赛铜奖、最具品牌影响力奖等。

有了新型农机设备作为支撑，姜云鹏在想，如果能在技术服务上再添“一把火”，必定能让周边的种植户收益倍增。有了这个想法，姜云鹏又开启了他迈向农业社会化技术服务方向拓展的新征程。

2018 年，姜云鹏创立了威海思创远景农业服务有限公司，建设标准化服务团队，高效解决农业种植端全程服务问题。两年来，姜云鹏又先后成立了农业机械服务队、标准化技术服务队、大姜种植服务队。他组织服务队农机手主动对接种植户，搭建起沟通合作的新渠道。据统计，2014 年至今，姜云鹏和他的 100 多名农机手在荣成市、乳山市开展农作物的耕种、管理、收获等服务工作，服务面积达 10 万余亩，有效提高了当地农业机械化水平。他还积极为荣成市 266 户姜农提供“保姆式”全程标准化技术指导，服务大姜种植面积 1600 多亩，在大姜病害防治、增加双片姜比例及增产增收等方面成效显著。在不增加支出的情况下，为姜农实现平均每亩增产 1200 斤。

然而，在农技领域干得风生水起的姜云鹏团队，却决定转向。他们在考察国内农机市场后发现，自己的小农机制造厂虽然效益不错，但周边没有大型产业连锁作为发展平台，很容易在激烈的市场竞争中掉队，他们决定在黄土地上打打主意。

把大姜种得像“褚橙”

还在上大学时，姜云鹏就对著名企业家褚时健的“褚橙”种植产生了浓厚的兴趣。

2002 年，褚时健开始种橙子的时候，资金非常紧张，于是采用了“矮化密植”的种植方式。这对果树管理的要求很高。褚橙一年要修剪 3 —4 次，每次修剪一株留几支枝，甚至留几个果芽儿，都有严格的标准。每次都要具体情况具体分析，哪怕是每年的同一时期，修剪方案都和前一年有所不同。

除了剪枝外，基地所有的种植计划，包括施肥、打药、翻土等等，每年都会根据当年的情况进行调整。由于严格的标准化管理，褚橙亩产量基本能稳定在 2.4 万吨左右，农户年收入 7 万 —8 万元不成问题。褚橙的工人，称得上真正的“职业农民”。农户一家团聚，生活、工作在果园，收入有保障，衣食无忧，一门心思只想着种地。

姜云鹏一直在拿“褚橙”对照当地农民的传统种植模式。面朝黄土背朝天，没有大规模的机械化种植，没有现代化的管理手段，基本靠天吃饭，种植的农作物产量年度间极度不平衡，饿几年撑几年。销售渠道单一，农民基本不掌握定价权。农民一年下来，挣不了几个钱，所以对种植业兴趣不大。

能不能像“褚橙”那样，通过严格的标准化田间管理，实现农业产业的工业化？这个问题一直萦绕在姜云鹏团队的大脑中，他们决定亲自去淄博的大姜种植基地看看。在淄博市临淄区皇城镇思远农业培训基地，他们感受到与本地完全不一样的大姜标准化种植技术的优势。那里的农民种大姜，不像本地农民那样，挖个坑扔进去就撒手不管。从育种、栽植、催芽儿到苗期施肥用药，都有严格的管理标准。有一种新品种双面姜，几块不同的地刨出来的成品姜，竟然长得一模一样，斤两也差不太多，品相好，价格优，而且由于从育种、用药、施肥到储存、销售都进行“集采”，成本大幅降低，当地种植大姜的农民都比较富裕。

在进行了将近一年多的学习后，他们选择去与荣成当地土壤条件差不太多的乳山市大孤山镇和白沙滩镇推广这种新鲜的种植大姜的标准化技术。

白沙滩镇已有40多年的大姜种植历史，当地农民家家户户种植大姜，传统形成的大姜种植技术已根深蒂固。面对姜云鹏的双面姜新品种，很多姜农不仅排斥，甚至反感，尤其对于标准化管理，嫌麻烦、嫌费钱。姜云鹏就耐心地说服一些低产户免费种植，从育种开始，每天都进行手把手技术服务，严格把控用药和施肥环节，每棵姜、每亩地都建立起种植档案，按照大姜的“生物钟”安排“作息”。

收获时，他们辅导种植的几十亩大姜，竟然比其他老品种每亩增收近千斤，收入增加数千元，这一下子引来了整村的姜农学习经验。三个人又开办起种植技术夜校，免费教授双面姜种植技术。种姜“三剑客”的大名也在当地逐渐流传开来。

授人以鱼不如授人以渔

2019年，姜云鹏团队决定把大姜种植标准化技术引回故乡。这时正逢党中央启动“乡村振兴”战略，荫子镇党政领导找姜云鹏谈话，能不能成立一个新型的农业合作组织，由他们三位返乡的新农民“首席专家”搞好新型农业产业，带动乡村的老百姓走向富裕？

姜云鹏却心存顾虑，一方面，大姜种植启动资金较大，他们没有足够的财力；另一方面，荫子镇历史上很少有大姜的种植历史，地理气候环境适不适合种姜，他们心里没底。

正在为难之际，山东省派出的乡村振兴服务队送来了春风，同意为姜云鹏的大姜种植提供500万元的启动资金。同时，配合山东省土地发展集团、荫子镇政府推进片区土地整理、招商引资等工作，协调成立了荣成市荫子乡村振兴产业发展农民专业合作社联合社。“三剑客”同时担任正副理事长，全力投入荫子片区乡村振兴工作。

合作联社先后租用流转了前荫子夼村、后荫子夼村、北流水村等三个村的600亩土地，推广双面姜的种植技术。然而，如何取得当地农民信任，迈出创业第一步，又成为一大难题。

由于种种原因，历史上当地一些村靠行政手段推广了一些种植产业，结果造成农民的经济损失，一些农民不再相信合作联社这种推广种植的方式。于是，姜云鹏先承包土地自己示范试种，第一年就取得了亩产万斤的高产，每亩收入近万元，解决了100多位农村闲散劳动力的就业问题。

“授人以鱼不如授人以渔”，大姜标准化种植踢开第一脚，姜云鹏团队开始组建标准化种植农民培训基地，开展农业培训，提高农民大姜标准化种植技能，为田园综合体整体输出劳动力打下坚实基础。

他的团队还吸纳荫子镇43个行政村700多位农民加入合作社，搭建供需平台，统一经营管理，提供务工岗位。采用梯级管理的办法，与征信体系紧密结合，提高社员工作积极性。

合作联社还摸排各村有劳动能力且有劳动意愿的人员，鼓励他们参加果树修剪等职业技术培训，进行果品采摘、作物除草等基础技能培训。通过这种方式，吸引更多群众参与到片区建设中，这样既可以解决产业项目落地后的用工难题，又可以使群众增加务工收入，实现利益长期化，让所有群众共享片区发展成果。

姜云鹏说：“我就想利用农业社会化服务的优势，给起步的合作社提供项目选择建议，提供全程技术指导以及相关销售帮助，让我们的社员心中都充满着希望。”

此外，联合社还积极链接各方资源，进行农业产业招商和康养等服务业招商，吸引投资企业和高校院所到荫子镇考察，在田园综合体建设及红薯、茶叶、土豆种植等多个产业方面进行洽谈并初步达成合作意向。

尾　声

如今，姜云鹏等返乡创业“三剑客”，已全身心地投入进乡村振兴的热潮之中。“回乡创业越干越有劲，全靠党的乡村人才振兴的政策好啊”，姜云鹏高兴地说。

从2016年起，他们不仅享受过各种返乡创业的国家优惠扶持政策，还获得过研究生创业就业补贴、山东省青年创业资金贴息贷款、回乡创业补贴、联合社专项启动资金等奖励。2021年，姜云鹏获评“威海市优秀乡村振兴首席专家”光荣称号。

在谈到如何将更多的年轻知识人才引导返乡助力乡村振兴时，姜云鹏谈了几点看法：

一是要搭建好乡村振兴的人才服务平台。成立乡村振兴产业发展合作社，吸引农村有劳动能力且有劳动意愿人员入社，通过整合信息、政策、技术等各项要素，既可以解决农村闲散劳动力问题，又能带动群众共同参与到产业发展等工作中去，增加群众收入，让群众共享乡村振兴发展成果。

二是要注重在外优秀人才的挖掘，重点在吸引本土高层次年轻人才上发力。通过创造良好的投资环境，吸引他们回乡投资创业。同时，发挥他们在信息、人脉方面的优势，带动更多社会资本投向农村，为农村建设不断注入新的活力。

研讨题：

1. 荫子镇在农村人才振兴方面面临哪些问题？

2. 姜云鹏等返乡创业“三剑客”是如何将自己逐步打造成新型农民的？

3. “三剑客”创业成功的事例对当今乡村振兴中实施人才振兴具有哪些启示？

文化振兴

百年古村换新颜

——荣成市东墩村文旅融合激活乡村发展的实践与探索

王红晶

【引言】

2018 年 3 月 8 日，习近平总书记参加十三届全国人大一次会议山东代表团审议时强调："要推动乡村文化振兴，加强农村思想道德建设和公共文化建设，以社会主义核心价值观为引领，深入挖掘优秀传统农耕文化蕴含的思想观念、人文精神、道德规范，培育挖掘乡土文化人才，弘扬主旋律和社会正气，培育文明乡风、良好家风、淳朴民风，改善农民精神风貌，提高乡村社会文明程度，焕发乡村文明新气象。"

【摘要】

宁津街道东墩村，曾是远近闻名的贫困村，不仅经济基础薄弱，而且干群关系紧张、矛盾问题突出。如今的东墩村，满眼皆是生机，以乡村振兴为契机，依托谷牧旧居等红色资源，将村内独特的渔家文化、耕读文化等优势转化为乡村振兴动力，形成了"生态民宿＋红色旅游"双核驱动的发展模式，不仅摘掉了"后进村"的帽子，而且实现了"农业强、农村美、农民富"的目标，走出了一条村党组织领导下的多元化、可持续的富民强村之路。

【关键词】

红色文化　海洋文化　文旅融合　乡村振兴

"胜景何须远处寻，宜居美丽看东墩。老屋古朴苫苔草，小巷斑驳岁月痕。临碧海，近白云，古村新韵汇嘉宾。鞠躬尽瘁家国梦，庄户走出大写人。"一曲《鹧鸪天》道出了东墩的美。东墩村隶属荣成市宁津街道办事处，占地总面积 1.6 平方公里，东濒黄海，与日、韩隔海相望，建于明朝嘉靖年间，因村东南筑有明代烟墩（烽火台），取名东墩，现有村民 510 户、1500 余人。近年来，东墩村先后获得全国文明村、中国传统村落、山东省乡村记忆工程首批示范村、山东省美丽乡村示范村、山东省旅游特色村、威海市乡村振兴示范培训基地等荣誉称号，成功入选山东省 100 条红色旅游线路，2021 年被评为山东省首批 3A 级景区化村庄。

走进今天的东墩，推开一扇扇海草房的大门，民俗展示、国学讲堂、红色文化……一院一主题、一馆一特色，为游人带来别样惊喜。近年来，东墩村成为许多市民和游客朋友圈里的“宠儿”，这处有着近五百年历史的古村也“时尚”起来。2018 年重点发展旅游产业以来，全村接待游客 30 余万人次，实现收入 1000 余万元，这是一组组亮眼的数据。别看东墩现在这么美，村集体经济这么牛，十多年前，这里还是个远近闻名的“穷窝子”，正如当地民谣中所说“甲子山区三穷村，八河南港和东墩”。当时村民们或土里刨食或出海捕捞，半耕半渔的生活并没有给这个山村带来生机。

“我们村以前是宁津街道有名的差村，村基础设施很差，村里连条像样的路都没有，别说汽车，就连自行车也只能被‘扛’进村，村里晴天一身土，雨天一身泥，村民怨声载道，支部威信跌到了谷底，大小工作出钱都没人干，更别提发展集体经济了。”回忆过往，东墩村党支部书记、村委会主任刘书联感慨万千。看到自己从小长大的村庄落后的模样，刘书联心中实在不忍，2011 年，在自己的养参产业风生水起的时候，他选择回到村里参加换届选举，决心带领党员群众一起改变落后面貌。

不通路，难致富，搞好基础设施是第一步。刘书联上任的第一件事就是硬化路面、修建广场，通上新的自来水管道，完善村内基础设施。但随着城镇化的发展，村内面临的问题也越来越严重，农村空心化、农民老龄化、村级产业资源匮乏、集体经济增长乏力、群众生活不富裕等问题，以及资金短缺、发展技术支持不够成为东墩村发展的瓶颈，极大地限制了村集体和村民增收致富，更影响着乡村振兴的步伐。百年古村如何换新颜，让老百姓都过上好日子，这是摆在村干部们面前的难题。

习近平总书记多次强调，乡村振兴要抓好本土文化的根。村庄要变好，产业是关键。刘书联认为：“路子还得往发展旅游业上靠，村里的红色历史，还有海草房文化，就是我们的特色！”

人文沃土、红色故里，文化底蕴深厚的东墩

东墩村的发展得益于其深厚的文化底蕴，这里不仅历史人文景观绚烂多彩，同时也是一块人杰地灵、英豪辈出的沃土。

明洪武三十一年（1398年），为抵御倭寇侵扰设置宁津所，建起二寨八墩。东墩村的烟墩，即八墩之一。烟墩又名烽火台，用于传递紧急军情，每墩守兵几名，发现敌情“朝发狼烟，夜发火”。东墩村的烟墩，呈圆锥形，底部直径15米，高约7米，采用黄黏土和灰褐土及砾石堆积夯实筑成，基础部分用石块围砌，墩坡表面绿草茵茵，南北两侧设有护栏台阶，可拾级登顶俯瞰无垠大海和美丽风光，是荣成市唯一保存完整的明代烟墩。古老的烟墩，历史上曾燃起抗击倭寇的烽火，发挥了保家卫国的重要作用，如今依旧耸立海天之间，成为东墩村悠久历史文化的一个独特见证。

东墩村的传统民居为海草房，海草房建筑群落是我国东部沿海地区独具特色的渔村民居，海草房以石为墙，用海水里生长的植物海带草为材料铺缮屋顶，冬暖夏凉，百年不腐。目前，海草房的制作技艺被评为山东省省级非物质文化遗产，具有很强的地方特色和历史文化艺术价值。东墩村海草房资源保存完好，共300户，1500间，均拥有100年以上历史，是胶东地区海草房保留最完整的村庄之一。

东墩村庄户剧团在当地很有名气，20世纪40年代，该村正式成立“东墩京剧团”，通过海外人士捐款和群众集资，购置了齐全的文武场乐器。当时有个叫刘家恒的曲艺人从大连回乡居住，他会唱会演会拉会导，教了很多徒弟，剧团上演大戏时曾轰动甲子山区。20世纪五六十年代，东墩村戏曲文艺蓬勃发展，京剧、吕剧及其他节目，百花齐放，十分红火。每年农闲排戏，大年开演，在邻近乡镇巡回演出，一直唱到正月十五，博得广泛赞誉。

位于村中心的刘氏宗祠历尽百年沧桑，见证世事变迁。刘氏宗祠始建于清朝初期，初为占地 100 平方米的海草房，1940 年，日军入侵，将其烧毁，后几经修缮，于 2012 年，由刘氏子孙投资 6 万元筑起新院墙，盖上琉璃瓦，成为刘氏子孙寻根之处。其记录氏族兴衰变迁的《刘氏谱书》一直被珍藏至今，其中“忠厚传家远，诗书继业长”的古训成为鞭策刘氏子孙不断前行的精神动力。

东墩村为钟灵毓秀之地，亦为将相英烈之乡。中国共产党的优秀党员，我国经济建设战线的杰出领导人，原国务委员，国务院原副总理，中国人民政治协商会议第七届全国委员会原副主席谷牧（原名刘家语），便出生于东墩村，他的一生为中国新民主主义革命、社会主义革命和建设、改革开放和中国特色社会主义事业作出了重要贡献。除谷牧外，还有曾荣获三级解放勋章和独立功勋勋章的海军北海舰队原副司令员刘惠卿，现任总参战略基金会秘书长、少将军衔的谷牧之子刘念远也来自东墩村。抗日战争、解放战争和抗美援朝战争中，东墩村共有 14 名英烈为国捐躯，这里还传颂着汪口蹈海七烈士等革命故事。

思路不清、资金短缺，文化资源禀赋面临转化难

东墩村虽文化底蕴深厚，有着独特的自然、人文旅游资源，但问题又来了，如何将其转化为乡村旅游产业，思路不清。并且前些年村里生态保护不规范，村内垃圾处理、环境治理、文物保护等工作推进较慢，一些百年海草房因年久失修被废弃，开发利用不足，珍贵旅游资源逐渐消失。同时产业链条不完整，村内生活业态单调，观光要素难以形成消费价值，生活业态与观光资源缺少联动，乡村旅游产业价值链亟待完善。一些村民也曾搞过渔家乐，但是由于分散作战、粗放经营，一直不成规模。

科学规划、开拓资源，文旅融合推动乡村振兴

古村发展旅游业，找到正确的发展方向尤为重要。借着乡村振兴的契机，重视政策利用，上任后，刘书联领队出去学习其他地方的先进经验，2018 年成立文化旅游公司，主动对接大型文旅集团，明确了本村文旅引领发展的思路，

发展红色旅游和民俗旅游，制定《东墩片区美丽乡村规划》《东墩村乡村旅游发展战略规划》，高起点谋划了乡村旅游发展思路。

科学规划，保护与开发并重

如今，在东墩村，孤寡、贫困以及留守老人都搬进了村集体的老年公寓居住生活，享受着村集体餐饮供应、生活照料、医疗卫生以及文化体育方面的服务。老人们住进了养老院，那村民腾出来的过千间海草房，如何能够作为资产再让村集体和村民受益呢？刘书联想到了开发民宿项目来推动乡村旅游。

东墩村以“村集体+公司”的运营模式，本着修旧如旧的原则，使用本地材料进行装修装饰，尽可能保留文化的原真性，绝不破坏村落原有的街巷机理。同时对居住区和旅游区进行了合理分区，村庄主要划分为三个功能区：一是谷牧旧居等红色教育场馆区；二是以精品民宿为主的观光、休憩区域；三是可以体验胶东饮食文化的餐饮区域，即“渔家三弄”小吃街。在传承和保护红色历史的过程中，东墩村还原的谷牧旧居、打造的谷牧传记馆，见证着中华民族复兴的轨迹，是东墩红色基因的源头。2014年，在谷牧同志100周年诞辰之际，宁津街道对谷牧同志出生及年少生活的宅院进行规划，聘请山东建筑大学古文物设计所对原址修缮，恢复原貌。谷牧旧居共18间，占地408平方米，分南北两个宅院，北院复原了谷牧少年时代读书和生活的场景，南院设立了谷牧生平事迹展览室，展示了谷牧各个历史时期的光辉业绩，陈列了谷牧子女及亲属捐赠的纪念品。如今这里已经成为山东省党史教育基地和威海市爱国主义教育基地。

为保护和传承胶东非遗文化，2017年在谷牧旧居西南面建成石岛民俗馆，占地1100平方米，是传统的三进式海草房院落，分为剪纸馆、面艺馆、陶艺馆、工具馆等展厅，展示剪纸、花饽饽、刺绣等胶东民俗文化。

开拓资源，提升产业附加值

依托渔村资源，打造海上游乐项目。东墩村邀请专业团队对东墩村海域周边500亩滩涂进行规划设计，打造集亲海体验、休闲垂钓、海上采摘为一体的海上乐园，利用滩涂大力发展生态休闲旅游，不断提高村集体经济收入。重塑烽火台，用现代手段，真实还原当年抗击倭寇、保卫家园的情形，并通过深度挖掘其历史价值，将历史文化和现代旅游业态深度融合。让人们在游玩的同时，既了解历史，又增长见闻。

保护传统海草民居，打造海草房观光旅游。依托海草房资源，东墩村打造了揽云草舍、芳华等10户海草房特色民宿，配以胶东大饽饽、面塑等民间技艺，形成了游海边古村、住百年海草房、品渔家民俗的旅游线路。

东墩村的发展，吸引来了“新居民”，田海霞就是其中之一。田海霞是威海市文登区人，2018年9月，她跟丈夫自驾游时路过东墩村，“看了一眼就被迷住了”。仅仅一天，她就跟东墩村村委签了租赁协议，一口气租下了临街的4处海草房院落，分别被改造成两处民宿、一间酒吧和一间古玩店。近年，虽然受到疫情影响，但田海霞依然觉得“钱景”无限。

传承丰富革命文化，打造红色教育基地。东墩村主要依托谷牧旧居、谷牧传记馆、廉政家风馆等馆所，通过挖掘村内汪口七烈士等本土红色故事，吸引大批党员来此观摩学习，接受爱国主义教育。同时打造接受度高、体验性强的微型主题活动“三微实践”，即微讲堂、微体验、微切磋。微讲堂即以孔子学堂为平台，推出15分钟微讲堂体验，浓缩儒学修身经典。微体验即以谷牧旧居、传记馆、敬老院等为主要活动阵地，长期招募志愿者参与一小时微体验活动，以一小时为时间单位体验讲解员、孔子学堂讲师、敬老院义工等，让志愿者在感受不同职业特点的同时，深刻领会红色文化与志愿奉献的魅力。微讲堂，以六艺馆、民俗馆为依托，不定期开展民俗民艺交流会，邀请剪纸、茶艺、胶东大鼓等传统草根手艺讲师为群众传授技艺。

挖掘独特的渔家文化，打造民俗文化展示区。石岛民俗馆将刺绣、剪纸、面艺等民俗技艺与产业结合，吸引大量游客体验制作及研学活动，特别是花饽饽的制作技艺，从“发面”到“揉面”到“成型”，更是吸引无数游客参与。研学体验，不仅让游客心情愉悦，而且提高了孩子对胶东饮食文化的认知度与参与度，成为石岛民俗馆的一大特色。

创新渔家特色美食，打造“渔家三弄”美食街。通过对部分闲置的海草房进行保护性开发利用，以及在“渔家三弄”美食街设置不同风格、不同特色、不同品位的摊位，形成“一摊一特色”“一铺一景观”的独特的区域美食风格。每年东墩村将举办“特色菜”“经典菜”的评选大赛，集中展示包括鲅鱼水饺、大花饽饽、胶东回水咸鱼、铁板鱿鱼、海菜粑粑等在内的100余种胶东特色美食，同时引进不同地域的特色美食。经营管理方面，在小吃街创新推出了“免费装修 + 收益返还”的模式，小吃街店铺的海草房由村集体统一装修，免费提供给村民进行经营。村民提交申请后，村委投票表决，按照“一店一品”的要求，筛选最富有地方特色的项目与最合适的人员进行经营，店铺产生的收益统一打入村集体账号，再由集体全额返还给经营者，在保障村集体掌握店铺经营状况的同时也保证了游客体验质量。

为了更好地弘扬区域文化，将深厚的历史沉淀与劳动作业情景相结合，东墩村编制了具有本村特色的鼓调，成立了拥有 20 人的具有胶东特色的锣鼓队以及 38 人的秧歌队，结合好客山东贺年会、元宵灯会、渔民节等民俗节日开展具有地域特色的丰富多彩的活动。除此之外，东墩村还举办各种充满地方民俗特色和传统文化气息的旅游表演活动，如胶东大秧歌、渔家锣鼓、非遗剪纸、非遗大花饽饽、柳编大赛等赛事，同时还参与荣成市文化和旅游局等部门组织的樱花湖千人旗袍秀、“我和我的祖国”大型千人快闪活动、“我与党旗同框”、荣成国际马拉松民俗文化展示等活动，极大地丰富了旅游业态。这些活动在体现优秀传统文化的同时，更是弘扬了社会主义核心价值观，为乡村旅游融入了大量当地的文化特色，既体现了时尚元素，又吸引了大量游客。

整治村貌、建设人文环境，提升乡村气质

东墩村在发展乡村旅游产业中，重视人文环境的建设，突出人民群众共享原则，共享生态环境、共享美好生活。

村“两委”带领群众开展“四清”及垃圾分类处理活动，拆除有碍村容村貌的 70 多处乱搭乱建，制定环保巡察监督制度，卫生到户、责任到人。东墩村共发放了 500 多个分类垃圾桶，建设 1 处高标准垃圾房，并对全村 500 多户住宅的房前屋后、道路两侧及公共区域实施绿化美化，绿化面积达 4000 多平方米。

东墩村将全部海草房纳入修缮保护范畴，加强重点区域海草房的监管养护，坚持修旧如旧、灵活利用。2020 年，通过了山东省 3A 级景区化村庄创建，东墩村在村内的核心景点处增设游客服务中心 1 处、旅游厕所 2 处、停车场 1 处，进一步增强了乡村旅游视觉体验感，提高了游客便利化程度，实现从“美丽乡村”到“无围墙景区”的嬗变。村里投资 400 万元建设党校培训中心，装修改造村内原有大库房，把它们作为红色文化、党建文化教育培训基地。目前，该村的文化广场、老年公寓、妇女儿童家园等公共服务设施一应俱全，成为丰富群众文化生活的重要载体和平台。

近年来，通过一系列美丽乡村建设措施，东墩村村庄环境大变样，而如何进行日常维护，东墩村有着自己的一套管理办法。结合荣成信用管理体系建设，该村于 2018 年 5 月成立村级信用管理平台，将全村 1500 人纳入信用管理范围内，将村规民约与信用管理相结合，详细规定包括环卫、违建、参会纪律、志愿服务等在内的 20 余条考核项目，并确定各项目对应的奖励分值。对参加志愿活动的行为进行加分，对失信违规行为进行减分，将村内部分福利变为奖励，实行“福利 + 奖励”制度，树立起百姓家门口的诚信榜样。

“我们村的卫生根本不用雇外人来收拾，老百姓们不仅自觉保护环境，还积极加入清洁家园的志愿服务活动中来，只要村民看见道路上出现垃圾碎屑，大家都能自觉捡起来。前几天刚下了一场雪，不等村里号召，天不亮大家伙儿就都自觉拿着工具到村里扫雪，不到 6 点，村里的道路全都被清理干净了。”东墩村党支部书记、文明实践所所长刘书联自豪地说。

除了把信用体系建设作为日常管理抓手，东墩村还投资建设 600 平方米的新时代文明实践所，成立“魅力东墩”志愿服务队，队员们在积极学习传承民俗技艺，丰富村内文化生活的同时，也通过与到村开展红色游、研学游的游客互动教学，向他们传播传统文化。村民刘会蓉说：“现在我们村的面貌焕然一新，每天都有来村里旅游的人，生活变得越来越好。”

如今，东墩村村民的思想觉悟得到了大大提高，“三大堆”和乱搭乱建问题得到了解决，村里卫生更整洁了，好人好事多了，参加志愿服务的人多了，东墩村发生了由内而外的深刻变化。

“红色故里的硬件我们打造好了，关键还是要把品牌擦亮，党员在创品牌的过程中起到尤为重要的作用。”刘书联说。以党建为引领，党员在乡村振兴方面不仅要献计献策，更要起到模范带头作用。“以前村干部的分工不明确，很多事务都是临时指派。一方面，村干部之间互相推诿扯皮，另一方面，村干部对于具体的办事流程也不是很清楚。”以前很多时候想办事，却因为程序不清晰而“好心”办了“糊涂事”，村民们不满意，村干部也委屈。近年来，东墩村党支部通过推行例会督导制度和小微权力清单制度，给村干部立规矩、定制度，通过“权力清单化，用权程序化，决策民主化，监督科学化”四位一体机制，真正给权力戴上“紧箍”，确保权力不滥用，规范了村级事务管理制度，确保了公开、公平、公正，营造了风清气正的农村政治生态环境。同时在完成重温入党誓词、党支部书记上党课等活动的基础上，通过开展交流研讨及谈心谈话，以星级支部、党员先锋指数、征信等为激励，凝聚全体党员智慧，打造过硬支部班子，形成干部带党员、党员带群众的良好氛围，充分发挥每一个人的作用。

尾　声

“十年前怎么也想不到，有一天能过上这样的好日子。”78岁的村民刘家欣说，“除了住上了大房子，每年还有土地流转金、股权分红等收入。我们老两口一年能领1.3万多元，逢年过节还有各种福利。看病有医保，吃穿有保障，从来没这么自在过。就连日常生活，也会有志愿者来照顾。”在对文化资源、生态资源的重视与保护过程中，东墩村全体村民尝到了“绿水青山就是金山银山”的甜头。2018年重点发展旅游产业以来，全村接待游客30余万人次，实现收入1000余万元，带动村内各类就业80余人，东墩村走出了一条旅游赋能、生态加码、产业升级的乡村振兴高质量发展之路。近年来获得的中国传统村落、“乡村记忆”工程首批示范村等各项荣誉“一双手数不过来”。基层党建坚强有力，乡村振兴蹄疾步稳，在党员争先带头、村民热情参与下，这个走过了近500年风风雨雨的古村落，依然在时代的前沿不断奔跑，向世人诠释着古韵新生的魅力。

研讨题：

1. 东墩村实现文旅融合发展的独特文化资源是什么？

2. 在文化资源禀赋面临转化难的情况下，东墩村是如何进行规划开拓、实现文旅融合并提高产业附加值的？其做法能够给我们带来哪些启示？

3. 东墩村在发展乡村旅游产业中，是如何重视人文环境建设，突出人民群众共享原则的？

培育文明乡风　滋养乡村振兴

——荣成市大庄许家村构建精神文明新高地的实践

王　蕾

【引言】

2018 年 3 月 8 日，习近平总书记在参加山东代表团审议时强调："要推动乡村文化振兴，加强农村思想道德建设和公共文化建设，以社会主义核心价值观为引领，深入挖掘优秀传统农耕文化蕴含的思想观念、人文精神、道德规范，培育挖掘乡土文化人才，弘扬主旋律和社会正气，培育文明乡风、良好家风、淳朴民风，改善农民精神风貌，提高乡村社会文明程度，焕发乡村文明新气象。"

【摘要】

文明承载精神寄托，折射对美好生活的向往，乡风文明是乡村文化振兴的源头活水。但是随着城镇化快速发展，如何传承乡风文明成为难题。近年来，大庄许家村以自身得天独厚的自然环境和深厚的文化底蕴为依托，立足文明乡风培育，以新时代文明实践站为载体，活化传承传统文化。通过传承家风家训、保护传统村落、回归农耕文明、弘扬新时代工匠精神等工作，深入挖掘乡土文化中所蕴含的思想观念、人文精神、道德规范，改善农民精神面貌，构建农村精神文明新高地，走出一条新时代文化振兴之路。

【关键词】

乡风文明　乡村振兴

俚岛镇大庄许家村始建于明朝崇祯年间（1628—1644年），现有居民290户、

790 人，许姓占比 98% 以上。与其他村落无别，在现代城镇化的大潮中，大庄许家村也经历了村庄发展与空心化的冲突和挑战，村里一度民心涣散、村政混乱。如何守护和传承好乡村功能，尤其是如何传承好独具特色的乡土文明，使其成为凝心聚力的力量之源，成为摆在大家面前的一道难题。

直面问题，大庄许家村村“两委”立足村情，以许氏宗祠、民俗手艺、海草房、海带养殖等传统历史底蕴为依托，传承家风家训，繁荣乡村文化，实现乡土文明与新时代乡村振兴的有效衔接，文明成为乡村发展的根与魂。2014 年，大庄许家社区入选第三批中国传统村落名录；2015 年，被评为“全国文明村”，同年，被评为山东省省级文物保护单位、山东省“乡村记忆”工程文化遗产单位；2017 年，被山东省民俗学会授予“优秀民俗文化示范基地”称号。目前，大庄许家村已经走出了一条新时代文化振兴之路，构建起了农村精神文明新高地。

以村规民约促进文明提升

规则是文明的保障。大庄许家村以许姓为主要姓氏，大家同出一脉，逐渐形成了以“明伦理、重忠信，敬先祖、睦宗亲，孝父母、教子孙，举善行、训孤贫，崇节俭、尚勤奋，结良贤、远非分，读诗书、修正身，务正业、存正心”为主要内容的许氏家训。通过家庭以及家庭成员间世代交替传承，许氏家训对村民产生着潜移默化的影响，改变着村民的为人处世之道，进而影响着整个村庄的价值观念的养成。换句话说，在长达几百年的历史中，许氏家训已经成为村民普遍遵守的道德准则，成为全体村民凝心聚力的纽带，为促进乡村文明发展提供了坚实的基础。

进入新时代，村庄发展面临诸多新的挑战，单单依靠许氏家训已经不能满足精神文明发展的需要，制定规范且完善的村规民约的需求日益明显。在此背景下，大庄许家村“两委”立足本村实际情况，结合新时代乡村振兴的要求，赋予了大庄许家村村规民约新的时代内容。例如，将清洁家园、美丽乡村、环境整治、村庄治理、扫黑除恶、乡村振兴以及扶贫开发等内容纳入其中，并将执行情况与村民信用管理办法挂钩，更好地促进了乡村美丽和谐、村庄管理有序，从制度层面促进了乡风文明。

以产业发展助力文明进步

产业是经济社会发展的基础，也是乡村发展的基石。近年来，大庄许家村一直坚持发展产业、增收致富与文化发展、提升文明并举，在特色养殖、产品加工以及旅游业等方面融合发展，这些举措不仅吸引了外出务工人员返乡就业，还吸引了外来资本来村经营发展。一是突出海带养殖特色。立足俚岛“海带第一镇”的品牌优势，大庄许家村打造了一处 800 多平方米以海带为主题的集旅游、科普、游学于一体的综合性海带展馆，对海带养殖历史、海带特性、海带加工生产的全流程进行全方位展示。特别是对俚岛海带养殖历史的展示，不仅展示了海带文化的发展历程，还展现了海带养殖技术改进对全国海带养殖业所做出的贡献。例如，自 1953 年山东水产养殖场迁移到荣成俚岛后，绑苗抛石法、自然增养殖、筏式养殖、平养法等均先后在俚岛进行试验并取得成功，进而被推广到全国。大庄许家村弘扬俚岛海带产业文化，大力发展海带养殖，年生产海带 2000 吨。目前，依托俚岛镇电商基地，同步进行海带电商销售培训，并通过媒体广告、节会论坛等平台，积极推动海带文化对外宣传和产品销售，实现农村一、二、三产业融合发展，形成富民强村的新渠道。二是用活海草房资源。海草房是大庄许家村最宝贵的人文资源，渔村传统文化更是村里的一笔无形资产。大庄许家村坚持传承保护与打造特色并重，坚持传统民居与现代生活并存，投资 200 万元修缮了 158 座海草房，培植了多处特色民宿。“我们的海草房从外观看和以前没什么两样，仍然保留着古朴的形象，但是里边各种现代化的配套设施一应俱全。”大庄许家村党支部书记许青海说。此外，大庄许家村也特别注重保护传承民俗资源，将人居传统特色文化整理为金海岸、海草房、渔家巷子、纹石滩、许家祠堂、休闲广场等“大庄许家人居八宝”，开展文化旅游。“现在不用出村就可以赚到钱，再也不用在外面过漂泊的日子了，我们是打心里高兴啊！农民的腰包越来越鼓了，在收获着幸福生活的同时，大家的心更齐了，文明程度也提升了不少，凝聚力更强了。”大庄许家村村民许兆国谈起现在的生活，脸上写满了幸福。

以美丽乡村建设塑造文明特色

中华文明代代相传、生生不息的关键在于中华儿女对乡土文明的依恋、对乡愁的守望。而这一切的载体就是传统的乡村。“百里不同风，十里不同俗，千里不同情”，地域不同，习俗和文化各异。在美丽乡村建设中，如何不失乡村本身的个性和特色是必须要考虑的问题。大庄许家村通过深入挖掘自身的特色文化符号，结合地域特点，走出了一条保持村庄特色、保留乡土味道、保护乡村风貌的美丽乡村建设之路，实现了“望得见山，看得见水，留得住乡愁”。

一是规划美丽乡村建设，留住乡情。在美丽乡村建设过程中，必须要尊重自然、尊重原貌，体现“乡村味道”。一方面避免大拆大建，尽最大可能保留传统村落的原汁原味。走进大庄许家村，一边是成排连片的保留着原汁原味的胶东特色海草房，一边是处处流露着现代气息的现代化居民小区。在这里，传统与现代完美融合，古老文明与现代文明和谐共生。这样的场景源于大庄许家村的规划理念。为满足群众对美好生活的需求，大庄许家村启动实施了民俗生态型、土地集约型旧村改造工程，先后投资 9700 多万元，规划新建 19 栋 6.5 万平方米住宅楼。在尊重民意的基础上，由村民自愿选择是否上楼。有改善居住愿望的可通过置换或者优先购买的方式上楼，腾出来的海草房则用来发展民宿、农家乐等民俗旅游业，最大限度地保护好传统村落。另一方面在海草房的保护上下功夫。例如，在传统海草房民居中，石头墙是重要的组成部分，但是在以往翻修建设的过程中，有一些农户是用涂料对石头墙体进行装饰，还有一些是将墙体建设成了现代的水泥墙体。为了恢复原貌，大庄许家村对村内原有石头墙体上的涂料进行了清除，使用细沙和水高压冲刷的方式（每平方米费用 50—68 元），恢复自然墙面 3280 平方米，恢复了传统的石头墙面。而对于水泥墙体，通过统一贴装文化石，墙体不仅恢复为传统样式，还有保温的作用，这样既能优化村居环境，保留原始风貌，体现地域特色，同时，也改善了村民的生活质量。

二是利用好文化符号，记住乡愁。乡村文化除了表现在美丽乡村、山水风情等外在元素上，更主要的是体现在风土人情、传统习俗等内在品质上。荣成的海洋资源丰富、文化底蕴深厚，大庄许家村在美丽乡村建设的过程中就充分利用了各种极具荣成特色的文化元素。例如，依托几间海草房，打造了一处老百姓语录馆，还原了传统农村的生活场景，赋予了美丽乡村新的文化内涵和活的灵魂。走进老百姓语录馆，老旧的缝纫机、圆润的鹅卵石、青石石磨碾子、纸糊的花笸箩……处处散发着海草房人家浓郁的生活气息。在这里，还可以看到很多在当地耳熟能详的话语，比如，“应许别人的事，比欠的还厉害，头拱地必须做到”“孝敬是美德吗？不是，是应该的。一个人不偷东西，你还要表扬他吗？孝顺孝顺，孝就是顺，顺着老人的心思就是孝”等等。这些像萝卜白菜一样普通的话语，包含丰富的人生哲理、人间智慧和文化内涵，诠释了普通百姓的爱、孝、家庭与温暖。在此参观的一位家长认为，孩子们生活学习中更多使用普通话，接触方言越来越少。在这里看着这么多的荣成方言的话语，通过给孩子一句句地解释，激发了孩子对方言的兴趣，拉近了他们与祖辈之间的距离，方言成为大家心心相连的纽带。

以榜样力量引领文明传承

大庄许家村是新时期中国产业工人的楷模、全国劳动模范、全国优秀共产党员许振超同志的故乡。榜样的力量是无穷的，为更好发挥榜样的引领作用，大庄许家村深挖名人资源，建设300余平方米的“振超精神”展示室，通过展示“大国工匠”许振超的事迹，让村民感受“振超精神”的真谛，引导大家敬业苦干、团结协作。目前，大庄许家村正着力打造一支以“工匠精神”为引领，有文化、懂技术、会经营的乡土人才队伍。例如，进一步发掘苫匠、船匠等传统手工艺人，对其“收编整编”，建立乡土人才信息库，鼓励从年轻村民中培训传承人。大庄许家村书记许青海说：“‘振超精神’展馆对村民特别是年轻人的教育和触动非常大，对于传统手艺的传承活动，他们都踊跃参加。”

以文明实践倡树文明新风

新时代文明实践的价值之一就是凝聚群众、引导群众、以文化人、成风化俗，通过一系列的活动来增强群众的自我教育意识，不断提升乡风文明。近年来，大庄许家村立足群众精神文化需求，打造新时代文明实践活动阵地。该村着力打造党建引领、新时代文明实践助力的思想宣传普及体系，有效整合党群服务中心、综合文化服务中心、党员活动室等现有资源，打造软硬件设施较为完善的理论宣讲、教育、体育、科技普及、群众文化、卫生健康、移风易俗七大志愿服务平台，持续推动新时代文明实践工作释放活力和生命力。大庄许家村新时代文明实践站，设专管员 1 名，志愿服务队 6 支，成员 82 名。依托新时代文明实践站党群服务中心，配套建设了文化活动中心、信息资源共享室、农家书屋、志愿服务工作站、妇女儿童之家和科普活动站，集中推介传统手工艺、海草房建筑技艺、渔家锣鼓等特色民俗文化。此外，还重点打造许氏祠堂、海之馆、“振超精神”展示馆、工匠公园、写生街区等文明实践阵地，重点开展传承村风家训等文明实践活动。大庄许家村妇联主任杨会荣说：“自从开展新时代文明实践活动以来，我们村的变化很大，村里环境变得更干净整洁了，村民精神面貌变得更好了，大家伙儿的幸福感指数都比较高，而且文明实践活动对村级管理也有很大的帮助，增强了村‘两委’的向心力。”

加强阵地建设的同时，大庄许家村还将“五有”理念贯穿于整个新时代文明实践工作当中，不断引导每一名群众入脑入心入行，凝聚起新时代文明实践的合力。心中有党，就是按照“群众在哪里，文明实践就延伸到哪里”的思路，着力发挥党建引领及党员模范带头作用，成立党员志愿服务队，每名党员联系 4—6 户群众，争做群众的贴心人、促进发展的领路人。通过志愿服务活动，引导党员要牢记党的宗旨，发挥好模范带头作用。老百姓要感党恩、听党话、跟党走，全村上下拥护党、热爱党，实现新时代文明实践在党的领导下，没有空白处、没有无关人。行中有法，就是通过常态化的普法教育，让老百姓知法守法，敬畏法律，依法办事，让村规民约和法治理念深入人心。为此，大庄许家村专门建设了一个法治公园，让村民在公园散步的时候也能学法，增强法律意识。同时发挥网格化治理的督导作用，通过网格员、协管员日常巡查，及时发现各类违规行为，第一时间进行规劝和警示，减少各类违法违规行为。村中有爱，就是大力弘扬中华民族助人为乐、甘于奉献的优良传统，通过成立志愿者队伍，让村民参与新时代文明实践活动，在村中形成互相爱护、互相帮助、互献爱心的良好风气。例如，村里建设了暖心食堂，为80岁以上的老人提供免费午餐。村里的妇女志愿者积极报名为老人做饭烧菜，村民们更是踊跃捐款捐物。家中有德，就是以家风带民风，以民风促村风，弘扬家中之德、邻里之德、修己之德。家风好了，村民的素质提高了，村庄的社会风气就好了，社会秩序也就好了。人人有责，就是强化责任意识。推行“文明实践+信用”的管理模式，充分调动起了村民参与村庄事务的积极性。采取“制定标准、日常记录、每月评议、定期公示、表彰激励”五步工作法，将村规民约、信用管理、宣传典型有机结合，弘扬正气新风。设立村级信用激励基金5万元，推行信用管理红黑榜，把卫生保洁、孝老敬亲、遵纪守法等活动用信用分记录下来，把乱倒垃圾、损坏公物等行为公示出来，接受群众“吐槽”，并在每月党员活动日进行通报，实现村民行为与村民福利直接挂钩。通过严格兑现奖惩，让诚信文化深入人心，让成效立竿见影。

文明兴则乡村兴。“读诗书、修正身、务正业、存正心……”大庄许家村的孩子们正在新时代文明实践讲堂，诵读着传承百年的许氏祖训。新时代，在推进乡村振兴的过程中，大庄许家村必将迎来文明风尚的再提升，实现乡村魅力再升华。

研讨题：

1. 快速城镇化过程中，传统村落文明面临哪些挑战？大庄许家村是如何利用传统优势解决这些问题的？

2. 大庄许家村乡村社会文明程度不断提升的根本原因是什么？从中能够得到哪些经验与启示？

3. 未来在继续推进传承与复兴传统村落过程中还应注意哪些问题？

生态振兴

百年花村绽放“美丽经济”

——荣成市车脚河村重塑“百年花村”品牌

刘玲玲

【引言】

2013年，习近平总书记在哈萨克斯坦纳扎尔巴耶夫大学演讲时指出：“我们既要绿水青山，也要金山银山。宁要绿水青山，不要金山银山。而且绿水青山就是金山银山。”此后，习近平总书记多次强调：“绿水青山和金山银山决不是对立的，关键在人，关键在思路。”“让绿水青山充分发挥经济社会效益，不是要把它破坏了，而是要把它保护得更好。关键是要树立正确的发展思路，因地制宜选择好发展产业。”

【摘要】

荣成市石岛管理区港湾街道车脚河村，是远近闻名的“花村”。但随着全国各地大型花卉市场的兴起和发展，市场竞争激烈、花卉价格下降，村民养花收入减少，同时随着城镇化进程的加快，年轻人进城打工，留在村里养花的越来越少。

为重塑“百年花村”品牌，从2017年开始，石岛管理区港湾街道在推进美丽乡村建设过程中因势利导、统筹规划、加大投入，秉持“绿水青山就是金山银山”的理念，依托赤山景区年百万的游客量和地域品牌优势，按照AAA级景区的标准，对几处花村进行了一体化打造。石岛管理区港湾街道以美丽花村培育“美丽经济”为理念，打造了“百年花村车脚河，景区就在花村中”的美丽乡村特色品牌。

【关键词】

百年花村　车脚河　美丽经济

“百年花村”车脚河，位于荣成市石岛管理区港湾街道北部，地处石岛赤山之麓，周围山峰状如花瓣，村子宛似花蕊，安卧其间。村子循山势一分为三：西车、北车、南车。村东是黄海，烟波浩渺，一座真正“面朝大海，春暖花开”的村庄。

三百人家皆花匠

车脚河的村民们世世代代种花，相传已有300余年的历史，百余年前就以“三百人家皆花匠”而闻名。民间有神话传说，古时王母娘娘带领七仙女来此游玩，她们被当地的秀美山川、淳朴民风感动，久久不肯离去，于是，撒下一把杜鹃种子，从此漫山遍野皆春色，家家户户飘花香。

“有村史以来，就有养花史。”驻村干部刘雪松说，“村子正好在赤山脚下，因为靠海，水汽非常充足，所以很适合种花。”这里由于受海洋性气候影响，冬无严寒，夏无酷暑，山上覆盖着砂质黑土，山泉四季潺潺，山间云雾缥缈，十分适宜花卉栽培和生长。村庄四周被山石突兀的赤山诸峰环抱，风景秀丽，气候宜人，村民引山中泉水到家，灌溉花朵，使其更为清新高雅。

不仅如此，靠海的位置也使得不少外来品种早早在“花村”生根。比如，有一种原产自日本的洋鹃，很早就在花村引进种植了。刘雪松说，这还要得益于石岛地区之前就是对外开放口岸，“因为临近日本、韩国，海上交易频繁，所以方便引进很多外来品种”。

20世纪七八十年代，脑筋灵活的村民们组建了一家园艺场，有些文化的初立娥成为6名参与者之一。他们面临的第一个问题，就是如何将温室里的杜鹃花挪到大棚里栽培，由于北方冬季寒冷，这一项目之前从来没有人成功过。当然，起初的几次尝试也都以失败而告终。由于经验不足，嫁接的花在大棚里纷纷枯萎，这让她们心痛不已。没有好办法，就用笨办法。村民们每天做实验，测量温度、湿度、土壤pH值，经过5年多的摸索，终于攻克了这一行业难题，第一次将杜鹃花种植在中国北方的大棚里。当年的《中国花卉报》还把这个事情当成重要新闻进行了报道。回想起当时的场景，初立娥说：“如果申请专利就好了，当时没有那个意识。”不管怎样，她们都是第一个吃螃蟹的人。就这样，凭借着吃苦耐劳的精神，车脚河村的村民们在花卉种植的道路上越走越远，“人人是花匠，户户有花房”是这里的真实写照，户均养花800多株。该村花卉以杜鹃、茶花、云松为主，品种繁多，仅杜鹃、茶花就分别有近百个品种，市场遍及青岛、烟台、威海以及北京、天津等全国各地。该村自行培植的“桃红”杜鹃在全国园艺博览会上获得大奖。

花村发展遇瓶颈

随着市场经济的发展，全国各地花卉市场如雨后春笋般涌现，花卉产业得到快速发展，市场竞争压力加大。特别是南方地区温度高，再加上温室大棚，植物可以进行大面积成批地繁殖，数量多、成本低，耗费时间短，再加上交通发达、信息快捷，南方花卉被大量运往北方售卖，这对北方花卉产业造成了极大的冲击。百年花村的花卉产业面临越来越大的市场挑战。再者，花村原有花卉产业大多经营规模小，经济实力弱，缺乏现代批发市场应有的规范与效率，花农获得市场信息的手段落后、交易方式落后，花卉产业发展有待从传统的“家家种花”向现代市场化过渡。与此同时，随着城市化的发展，村里的年轻人大部分走了出去，住进了城市的现代化楼房，有了自己的事业。近几年，越来越多的花农没了接班人，这令花村发展陷入瓶颈。处于乡村经济转型中的车脚河村，必须重新思考如何发展“花经济”。

重塑品牌绽新颜

2017年，港湾街道立足历史传承、文化产业和群众基础三大优势，深入挖掘“花村”传统资源，组团建设、连片规划，发展全域旅游，重塑“百年花村”品牌，打造宜居、宜业、宜游的美丽乡村。在推进落实乡村振兴战略的实践中，港湾街道把当地的优势花卉品种，作为建设“美丽乡村”的产业支撑，对原有的花卉产业进行扶持和延伸，实现“花卉”产业的多业态发展。

车脚河村始终坚持“生态性开发，保护性建设”的原则，在美丽乡村建设中，首先就是改变破旧的村容村貌，完善公共设施，让乡村更加宜居。为打造引人入胜的美丽乡村画卷，车脚河村因地制宜、积极行动，在花村改造中下足了功夫，依次推进垃圾分类、厕所革命、城乡环卫一体化整治等专项行动，以征信体系建设为主抓手，对在环境整治工作中表现优异的村民给予征信加分，提高村民参与环境整治的积极性和环保意识。

全面启动基础设施延伸覆盖计划，重点实施“五通、两改、三化”工程，完成道路、管网、水电、绿化、环境卫生等全部基础配套改造。对居民日常所需的水、电、暖、气、行进行改造升级，实施“五通”工程：在通水、通电方面，对老旧管路进行更新，对弱电进行入地改造；在通气、通暖方面，对村内民房进行清洁能源改造，实现燃气与清洁供暖全覆盖；在通行方面，重整村内石板路，对车脚河河道及周边环境进行整治，增设防护栏，打造沿河景观带。“两改”工程：完成全村所有住户厕所改造工程，农村改厕率达到100%；新建一处污水处理厂，完成整村污水管网铺设工程，村内污水管道与石岛城区主管网相接，实现生产生活污水集中处理、达标排放。“三化”工程：一是绿化工程，针对以往新农村建设巷道硬化过多的问题，结合供暖供气改造工程对巷道进行补绿，增强区域视觉绿意，提升村庄整体绿色气质；二是美化工程，在对民居建筑进行外观美化的同时，结合“精致农家·美丽庭院”活动，发动群众对院内室内环境进行清洁维护，提升民居美丽宜居指数；三是“亮化”工程，在村内标志性建筑、重要区域、标识牌等位置新上亮化设施，打造村庄夜间风光亮点。同时加强对海域河道的环境治理和生态修复，建立农村环境长效管护机制，有效推进农村人居环境整治规范化，实现村庄干净、整洁、有序、宜居。

北车脚河村村民卞秀兰表示：“如果客户来看花，家里环境不好，那么客户可能都不愿意进来。现在，家家户户都很注重卫生，环境比以前好很多。”

以前村民的花房并没有大面积的玻璃屋顶和墙壁，就是简易花棚。2017年，为了推动美丽乡村的发展，港湾街道投入大量资金将村民的花棚改造成了现代化的玻璃大房，使土花房变成“玻璃小洋房”。荣成市石岛管理区车脚河村村民姜俊玉介绍：“这个花棚建了有三十多年，是自己用平常的塑料纸扣的，三年前政府给我们改造成了玻璃大房，这个玻璃大房非常好。我们花棚里有30多种花，主要是杜鹃、茶花、桂花这么几大种。像是丹顶杜鹃这种花，开花比较早，花期还挺长，很是漂亮。”得益于玻璃棚，现在很多花到了冬天也能开，大棚里基本上每月都有花开，每月都有花采。村民初立娥推开自家花房的门，满眼都是怒放的娇艳杜鹃和青翠欲滴的各色盆景，1000多盆花、20多个品种。她说：“为发展乡村旅游，政府出资把村里老式花窖全部改造成了钢化玻璃的透明花房，还加高到两米，既宽敞明亮又整洁好看！”

一体营销共闯市场

车脚河村的人们尊重传统而不拘泥传统。近年来，他们改变经营模式，由各家各户松散发展向集中经营转变。

在西车脚河村的花卉交易展示中心里，摆放着大量待售的花卉。为了打破发展瓶颈，从2016年底开始，村里将一处废弃厂房改建为花卉展示交易中心，村集体和花农个人的大量花卉都摆在里面，花卉品种丰富，统一销售。“交易中心的盆景一部分属于村集体，一部分属于村民个人，有专门的工作人员管理，统一销售。对于村民来说，既省心又省事，客户也少跑腿，有利于市场开发。”西车脚河村党支部书记苏茂通说。花卉展示交易中心以销售收入的10%—15%作为经营服务费，村民自愿加入。这一经营模式的转变，走的是一体化营销的路子，花农们化零为整，抱团共闯市场，增强了市场竞争力，这也是美丽乡村建设特色之一。2017年，整个交易中心总收益50多万元。并且从2017年开始，当地政府因势利导，投资1500多万元对各家各户的花房进行升级加固，建成游客集散中心。根据港湾街道的统一规划，如今，西车脚河村集中打造大型花棚150多个，为重点种植户提供了集中展示与销售的平台，进一步扩大了集中销售、展示的规模，进一步叫响了“百年花村”品牌。

同样是这一思路，北车脚河村则建设了一处“花村接待中心”。接待中心里有个花户示意图，里面标注着村里40多个特色种植户。游客在这里可以休息，也可以按照示意图去中意的花户买花。

此外，村里还积极发展花卉绿化苗木这一新兴产业。依托“百年花村”生态资源优势、传统建筑优势和花卉产业优势，车脚河村瞄准花卉、绿化这一新兴产业发展机遇，先后到江苏、福建等南方地区考察调研，引进市场优势品种，由单一品种种植向特色品种种植过渡，从传统艺术造型向特色苗木培育转型，花卉交易由本地扩展至全省乃至全国范围。仅此一项，去年收益就达 100 万元左右。

60 岁的姜焕春从十几岁时就开始养花，他现在不但是村里出了名的种花大户，而且是老年群体中种花的佼佼者。年轻时的姜焕春干过很多行当，通过搞建筑工程挣到了第一桶金，但他却总是忘不了小时候跟花的那份情结。随着年龄的增长，他渐渐退出了建筑行业，开启了事业的第二春，种起了花卉苗木。为了种好花，他赴南方学习、取经。回来后，他每天都泡在地里精心打理着这些树苗，修枝、剪枝、合理施肥，一切都严格按照科学的管理模式进行，种出来的苗木品质好、成活率高，吸引了各地客商前来购买。2018 年老姜的苗木销售额超过了 100 万元。

在整体生态环境改善的同时，花的品种也不断增多。目前，花村已建成花卉展示交易中心 2 处，特色花卉培育大棚 8 个，个体花卉温室 200 多个，培育种植杜鹃、茶花、桂花等 300 多个品牌，逐渐由原先的喜好、观赏种植模式发展为以创造经济效益为目的的花卉种植经营模式，这种经营模式成了港湾街道在美丽乡村建设中的一大亮点。

港湾街道为加强花村的线上营销，牵头投资 3 万元，聘请专业公司建立了“花乡画村”网站、手机端和微信公众平台，充分发挥新媒体的作用，将农户的花卉发到网络上，统一宣传展示，统一对外营销，为花村发展注入了新的活力，吸引了更多的年轻人回乡创业。

如今，不少游客都冲着“花村”的名号来到这里，一是为了心中所好，二是为了切实地感受一下何为“人人皆花匠”的村落。烟台、牟平甚至江南的客商直接开车进村，挨家挨户地选购，更有游客成群结队地走进这片花海，感受大自然的芳香气息。由于花卉产业的蓬勃发展，每到花季，车脚河村各家的院子都被各种各样的花卉装点着，每天到这里赏花、买花的人络绎不绝，百姓的生活也是越来越好。

深度开发多元发展

花村的自然优势明显，加之当下人们普遍崇尚回归自然的生活方式，为深度开发花村旅游资源带来了机遇。“这里山林环绕，空气非常清新，犹如天然氧吧。站在高处就能看到广阔的大海，实在是太美了。”一位外地游客在游览了花村之后这样感叹。在她看来，花村是个修身养性的好地方。依托良好生态和花卉产业优势，车脚河村大力发展乡村旅游，致力打造“吃、住、游、购、娱”全要素产业链条，为游客提供全方位、多层次、宽领域的服务。

在“吃”的方面，提炼西车脚河村乡间文化符号，打造以“童年记忆”为主题的梧桐餐厅，在餐厅桌椅、壁画、餐具等设施上融入乡村复古元素，让游客体验到古朴乡村的独特魅力，同时也为游客提供一个休憩、餐饮、聚会、观景的良好场所。突出地方特色，为游客提供桂花衍生品、桂花饽饽、玫瑰花饽饽和即食海鲜。比如，北车脚河村的七旬花农初立娥，就精通调制桂花蜜茶，但凡尝过的人，都赞不绝口。八月桂花香，桂花香气浓郁，用来制作茶饮最好不过了。在港湾街道重塑“百年花村”品牌的大计中，调制桂花蜜茶与开发花宴花饮相契合，拥有不错的发展前景。在初立娥家的院子里，有一棵百年桂花树，枝干粗壮，枝叶茂盛，令小院充满勃勃生机。闲暇的时候，初立娥常和老伴坐在桂花树下，品着自己调制的桂花蜜茶，享受休闲时光。“桂花蜜茶需要新鲜的桂花和上等的蜂蜜做原料，能够去火安神，既有花的芳香，又有蜜的甘甜，非常养生。”初立娥说。每年八月是桂花树的盛花期，树上开满小花，香气四溢。近年来，她琢磨着开发桂花的价值，前期试过炼取桂花油，没有成功，之后又试着调制桂花蜜茶，在历经干花、鲜花以及不同档次的蜂蜜调制后，最终获得成功。初立娥年轻时在石岛园艺场工作，与花花草草打了大半辈子的交道，是地地道道的花农。退休后，她与老伴在自家小院子和两个花窖里培植了茶花、杜鹃、桂花等几十个花卉品种，尤其喜爱院中这棵百年桂花树。借着港湾街道重塑“百年花村”品牌的契机，初立娥也有自己的计划，那就是拿出更多的精力做好桂花蜜茶，为美丽乡村建设贡献自己的力量。

在“住”的方面，积极发展乡村旅游民宿，引进“花乡里”禅意度假村项目，打造了赤山居、金桂居、西楼民宿等特色精品民宿11户，酒店式客房25间。为了将花村的优势更好地发挥出来，实现“进山、净气、修心、养性”的目标，港湾街道瞄准了乡村旅游，先期在花村内改造12户石头民房，将其建设为拥有餐厅、卧室、禅修、抄经、香馆、茶室等各项文化空间的禅意养生民宿。“我们还与天津国旅合作，依托其在赤山景区内打造的800平方米陶公醉和3500平方米紫竹林素斋馆，采用会员制管理模式，共享其中医接待中心、中医理疗馆、素斋堂等资源，吸引游客住村消费。”港湾街道办事处相关负责人介绍。有了好的资源和思路，更需要有好的企业投资运营。港湾街道采取“单体招商，整体运作”的运营模式。截至2017年，港湾街道已与天津国旅、上海善容文化传播等企业对接，逐步引入花宴花饮、花卉写生、禅修养生等关联产业，延长产业链条。2019年，为深入践行“两山”理论，进一步挖掘花村的自然资源、人文资源和历史文化资源优势，激发花村产业活力，港湾街道西车脚河社区与专业运营团队签约合作，组建了“百年花村・花乡里”运营团队，对花村进行全面市场化运营。运营团队改造了两个村的8个组团，每个组团根据客户需求设立茶室等养生空间。同时，通过打造国学堂、抄经舍、觉醒林等将修身养生与传统文化有机结合，吸引游客驻足。除此之外，民宿配套建设杜鹃诗意咖啡屋、茶艺屋等，与赤山景区、天津国旅等合作，依托打造的800平方米紫竹素斋馆，提供中医理疗、素斋等特色服务，吸引游客住村消费，最终让花民受益。精品民宿的打造，盘活了村内闲置民居，既丰富了村内产业业态，又为当地村民提供了就业岗位，增加了收入。

在“游”的方面，依托西车脚河村养花传统，打造探花小巷、竹林景观带、百亩梯田花海等一批观光游览项目，在村巷沿路栽种茶花、桂花等景观花卉，并设置路线图和导向指示牌，让游客在赏花观景中体验“慢”生活。

在“购”的方面，西车脚河村人人是花匠，处处有花房，不同时节有不同的鲜花盛开，游客漫步在鲜花小巷中，对中意的花卉可直接购买，同时还建设了花卉交易中心和8个花卉养殖培育大棚，对村内花卉进行集中展销，各种价位的花卉一应俱全，满足了不同消费群体需求。

在“娱”的方面，引进“柒彩欢乐谷”主题乐园项目，打造集户外亲子拓展、综合素质培训、研学旅行实践于一体的大型无动力游乐场，游乐场包含奇幻儿童乐园、网红城堡、步步惊醒、彩虹跑道等数十种闯关和体验项目，能够满足家庭户外运动和不同年龄段青少年的综合游乐需求，让游客在锻炼体能、意志的同时，释放生活压力。举行花乡里音乐节、桂花节等特色体验活动，将“花的产业”与地域环境相融合，在展示花村古风古韵的基础上，融入渔家传统文化元素，现场表演渔家大鼓和渔家秧歌。

随着荣成美丽乡村建设的全面铺开，车脚河村以花为载体，齐力发展乡村旅游，花村已经成为美丽乡村看得见摸得着的一张名片。

尾　声

围绕做精、做细、做强花卉产业，车脚河村着力提升生态环境，挖掘文化价值，培育旅游新业态，打造了以生态观光、休闲体验、精品民宿、户外运动和禅修康养为主题的乡村旅游胜地，先后获得了“威海市乡村旅游示范村”“威海市美丽乡村示范村”“威海市文明村”“威海最具魅力文创艺术空间”等荣誉称号，被省、市多家媒体宣传报道，中央电视台CCTV财经频道《生财有道》栏目组也走进“花村”，专题报道了村庄“花海飘香引客来”的盛景和乡村旅游带动经济发展的成功经验。

车脚河村在大力发展乡村旅游产业的同时，始终坚持以人为本，让村民共享发展成果，从乡村旅游中获得红利。通过打造花乡里精品民宿片区，改善人居环境，带动村民的民居租赁价格大幅度提升。随着“百年花村”乡村旅游品牌的知名度越来越高，游客人数逐年递增，很多游客在赏花游览的过程中，购买村民家门前摆放的盆栽花卉，实现了村民足不出户便可卖花。2020 年，西车脚河村村集体收入达 100 万元，村民人均收入达 2 万元。

望得见山，看得见水，记得住乡愁。在花村，一切都那么舒适柔和，这里有产业、有文化，村民们乐在其中，美丽乡村建设看得见摸得着。在全域旅游和美丽乡村大潮推动下，花村正在重塑“百年花村”品牌。推窗见绿、抬头赏景、起步闻香、满院移步皆是景；产业兴旺、生态宜居、乡风文明、治理有效、生活富裕在威海荣成市港湾街道车脚河村已成为现实，人民群众对美好生活的向往的目标正不断实现。

研讨题：

1. 作为百年花村，车脚河村的转型发展有哪些难点？

2. 在重塑百年花村品牌的过程中，石岛管理区港湾街道采取了哪些体制机制的创新举措，产生了什么影响？其做法能够给我们带来哪些启示？

3. 资源型村庄如何践行“绿水青山就是金山银山”发展理念？如何依托自身传统优势因地制宜转型升级，走出一条建设美丽乡村、培育“美丽经济”的高质量发展新路子？

小画笔绘就乡村“新画卷”

——荣成市牧云庵村打造“画村”经济的探索

王　青

【引言】

2020年12月，习近平总书记在中央农村工作会议上强调：“要加快发展乡村产业，顺应产业发展规律，立足当地特色资源，推动乡村产业发展壮大，优化产业布局，完善利益联结机制，让农民更多分享产业增值收益。”2021年3月，习近平总书记在福建考察时指出：“乡村要振兴，因地制宜选择富民产业是关键。”

【摘要】

牧云庵自然环境优美，生态资源丰富，是胶东地区石头房群落保存最为完整的村落之一，村居历史文化底蕴深厚。自20世纪40年代，在剪纸艺术的影响下，村民开始自发学习绘画，由于绘画成绩突出，群体众多，1987年牧云庵被山东省美术家协会授予“画村”荣誉称号。面对“乡村振兴”新课题，牧云庵深挖当地特色，在“画”上下大功夫，并以此为核心点，在书画创作销售、特色民宿打造、生态环境治理等方面全面发力。如今随着全域旅游、乡村旅游的兴起，牧云庵村大力发展“画村”特色游，再次绘就出一幅色彩斑斓的乡村振兴新画卷。2016年牧云庵获批山东省“省级传统村落”称号，2017年获评威海市“市级美丽乡村示范村”，2018年入选山东省第一批美丽村居建设省级试点村庄。

【关键词】

乡村振兴　画村　美丽休闲乡村

牧云庵，位于荣成市石岛管理区港湾街道，是一个有着300多年历史的滨海小村落，清朝康熙年间建村，因此处有尼姑庵，故命名“姑子庵”。清朝雍正年间，文荣分治，隶属荣成县，又因村北有牧牛场，高山峡谷，村南临海，常常处于云雾之中，遂更名“牧云庵”至今。牧云庵现有村民300多户、940多人，有特色石头房460栋，其中300年以上民居1栋、100年以上15栋，四合院、三进门等特色建筑11栋。

村庄三面环山、南临碧海，一条公路、一条河流纵横交错，将占地4200亩的牧云庵村分成了四个板块，错落有致地分布于山海之间。漫步村中，整个村庄流水潺潺，树木葱郁，街道屋舍宛如一张大画布，路边画廊、院墙上各种亮丽张扬的巨幅画作点缀着村庄，为这个山海相连的村庄印上了绚丽的色彩。登山而望，大朵大朵的云彩从山顶飘过，随着脚步前行，似乎真的在“牧云”而行。心灵手巧的村民，没有辜负这片独特秀美的山海之景，充分发挥自己勤劳智慧，用一只“画笔”绘出了新时代乡村振兴的美丽“画卷”，绘出了独属于自己的绚丽色彩。

在最终选定绘画作为村庄振兴的路径之前，牧云庵也是经过了一段艰辛的探索和尝试，中间有过因渔业而兴的快速发展，也有过因近海资源枯竭陷入发展停滞的窘境。为了扭转发展颓势，兜兜转转下来，在村“两委”班子的带领下，村民又重拾画笔，从渔民转型做起了画匠，吃上了“艺术饭”“文艺饭”，推动村庄向文化旅游产业的深层次发展，并逐渐将“牧云庵画村”品牌创出了特色、闯出了名气。这个不足1000人的小村庄，创造了全村经济年收入500余万元的“奇迹”，仅文旅一项就带动村民人均年增收1000多元。回顾牧云庵村走过的发展之路，从“渔村”到“画村”，再到推动文化、旅游融合发展，这为其他村提供了乡村振兴的路径指导和有益借鉴。

绘画的传统是不是该遗弃了?

牧云庵村文化底蕴深厚，清末民初就流行剪纸，后来又有人练习书法、绘画，但基本都停留在村民个人行为上，尚未形成气候。据村党支部书记宋红阳介绍，20世纪70年代，这里秀美的渔村风光吸引了中央美术学院的师生前来写生，这给当地人以很大影响。那些摇过橹、结过渔网的手，开始与“笔墨”打交道，用木棍作笔，用炭芯当墨，先是在地上画，后来逐渐在墙上、纸上画。在这样的风气影响下，诞生了许多热衷绘画、技艺高超的“能人”，特别是宋仁贤、宋仁壮、宋仁梁“宋氏三兄弟”，他们各有成就，都对牧云庵社区“画村”形象的树立起了重要作用。尽管如此，绘画创作的热情依然抵不住物质匮乏的考验，“画画换不了粮食，填不饱肚子”成为很多人的想法。靠山吃山、靠海吃海，于是在日复一日的劳作中，摇过桨、抛过网、扛过锄、种过粮的手，不再拿起画笔。

特别是到了20世纪80年代，随着改革开放的深入推进，村里集中精力发展集体经济，把重心放在了渔业捕捞上，加上当时渔业资源丰富，村子发展迅速，村民们的钱包也逐渐鼓了起来，更是把绘画抛诸脑后，闲暇时间打牌、搓麻将、侃大山成了最主要的娱乐方式，绘画的传统与技艺，也似乎与这个村子渐行渐远。

在传统赓续中实现“渔村”向“画村”的转变

牧云庵人在日复一日的劳作中发现，本村及周边村捕鱼的渔船越来越多，有些人为了多捕，甚至用上“绝户网”。过度捕捞导致近海渔业资源逐渐枯竭，很难见到原先捕捞归来“鱼满仓”的场景。村里越来越多的人认识到，只靠捕鱼绝对不行，要找新出路，于是逐渐被遗忘的绘画传统再次进入人们的视野，“除了捕鱼，我们还会绘画，一定要从这方面找出路”，村里人暗暗下定决心。要想把绘画变成一种产业，只有发动村民投入到绘画中来，才能形成规模，才能干出名堂、闯出一片天地。于是从2016年开始，在村支书宋红阳的鼓励发动下，牧云庵对原先堆放渔具的800平方米库房进行了整体改造，打造了“牧云庵书画展览室”，设置了培训、作画、装裱和展示4个功能室，从外面聘来专业老师，免费培训本村村民。

当听到这个消息的时候，村里赋闲在家的老人率先报名参加，慢慢地，村里的风气变了，攒牌局、闲聊天的人少了，画室里的人多了，小的40多岁、最大的70多岁，当第一批“学员”毕业，他们用笔绘出的渔村美景得到了大众的认可。很多人慕名而来，在村里买画，村里人因绘画产生的经济收入慢慢增多，学习绘画、自主创作的村民越来越多，从过去“要我画”变成了“我要画”。

经过多年发展，如今牧云庵形成了“家家出画匠，户户展画作”的局面，从小“画村”走出国家及山东省美术家协会会员3人、大专美院毕业学生50人、老画匠30人、渔家画嫂55人，常年作画的村民有100多人，“画村”更加名副其实。

在乡村旅游发展中实现村民增收

围绕如何做好“画”产业，写好乡村旅游新文章，牧云庵不断强化“产业链”思维，以满足游客多样化需求为核心，按照“旅游+”的产业发展思路，在绘画的基础上，推出研学、民宿、民俗等多种旅游业态，有效带动村民增收致富。

旅游+书画。为了做好做足书画文章，牧云庵重点建设书画写生基地和交易展销中心，并依托两大载体，细分培训、作画、书法、装裱、展示五大功能，在为村民提供集中作画地点的同时，也把村民作画的过程变成提升游客体验的重要环节，打造“作画、展画、赏画、售画”的全链条，带动画作售卖，每幅画可售100元至500元不等。坚持对接专业人员，与青州、胶南等地书画市场的30位画师达成鉴定、销售合作意向，扩宽销售渠道。同时，牧云庵积极开发书画创意衍生品，把书画作品变“文创产品”，重点打造“北方渔家画”特色品牌，通过绘制渔船作业、渔家号子、渔家民俗等现实题材画作，充分展示北方渔家文化，使其成为滨海旅游特色产品之一，深受外地游客青睐，截至目前书画销售收入已累计500余万元。

旅游+研学。牧云庵充分利用自己独特的自然风光，着手建设画家工作室、艺术院校写生培训基地等，打造“写生研学游”线路。2020年，牧云庵渔家风情度假村书画写生基地先后接待了中央美术学院师生团队、烟台艺舟书画院等专业绘画采风创作人员2000余人次，有效带动村里民宿、餐饮等业态的收入水平不断提升。良好的艺术创作氛围及得天独厚的自然环境，成为吸引知名美术家来此进行绘画创作的最大亮点。村里联系了韦辛夷等10多位国内知名画家来村创作指导并长期入驻作画，一些绘画作品亮相国内外重要画展，“画村”名气更加响亮。这些方式方法，既带动了旅游收入水平的提升，也让村民在与学生、艺术大家的探讨交流中，开阔了眼界视野，提升了创作水平。在我市举办的一次绘画比赛中，牧云庵村村民王丽珍与专业画家们同场竞技，竟丝毫不落于人，拿到了二等奖。

旅游＋民宿。住宿作为旅游最为重要的一环，不仅可以有效盘活闲置房屋，更可以将顾客留住，提升二次消费的可能性。牧云庵是胶东地区渔家传统民居滨海石头房、海草房保存最为完整的村落之一，这也成为牧云庵发展特色民宿的重要载体。围绕更好满足游客多元化住宿需求，在尽量保留原有外观的基础上，牧云庵对村内闲置房屋进行了现代化改造，除一应俱全的住宿设施外，内部还修建画室，设置文房四宝，让游客能够随时展纸泼墨，挥毫作画，并建有“渔村田园”旅游特色酒店，为广大游客提供物美价廉的时令海鲜，从吃、住、游三面提升经济效益。目前村里共建成隆中对、有知院、牧憩院、馨园、青云里、画家部落等精品民宿 18 处，可同时容纳近 300 人，已实现民宿旅游收入 300 万元。

旅游＋民俗。牧云庵村历史文化底蕴深厚，拥有丰富的渔民节、渔家大鼓、渔民号子等传统“三渔文化”资源。渔民节对于沿海渔民来说，是一年当中最重要的节日之一，距今已有 2000 多年的历史。谷雨当天，牧云庵村渔民隆重举行“祭海”祈福活动，向龙王和海神娘娘敬酒，祈求海神保佑，出海平安，鱼虾丰收。渔家大鼓是沿海渔民在其特有的人文历史环境中，在长期从事海上生产生活的过程中，形成的别具特色的艺术表现形式，集中体现了鱼虾满仓、渔船靠岸时人们的喜庆心情，具有广泛的群众性和民间传承性。渔民号子是渔民们在海上集体下网、捕鱼、入仓等劳动过程中传唱的一种调子，经过牧云庵村民不断的挖掘、整理、总结，融入生活情境，编排出舞蹈及其他文艺表演节目。经过几年的发展，“三渔文化”已成为牧云庵旅游的特色文化符号，甚至在 2020 年全国“村晚”演出中，渔家大鼓和渔民号子表演贯穿整场演出。每年谷雨期间举办的“渔民节”，让很多想要了解渔家文化、体验渔家民宿的游客，从全国各地慕名前来。“三渔文化”成为牧云庵当之无愧的“引流产品”，为当地的其他业态提供有力支撑。

在人居环境提升中实现生态振兴

随着作画人的增多，绘画作品相应增加，只靠慕名买画的人，村民人均收入并不能实现持续增加，如果不转变思路，很可能重蹈覆辙，绘画技艺再次被遗弃。怎么才能把画卖出去成为牧云庵人面临的首要问题。“只靠画吸引人群，效果终究有限，一定要发展旅游”，牧云庵人转变思想观念，确定以“画”为核心，通过整治村居环境、保护周边生态，来大力发展乡村旅游，打造旅游“山海画”。

首先的问题就是，如果要发展旅游，那么现有的环境支撑不起绿水青山的打造。为此，牧云庵全面分析自身不足，并实施了“景、村、人、建”四个方面改造提升工程。

“景”就是全面开展环境整治。由村集体出资，并争取上级资金支持，累计投入500万元，对村内1.5公里水系河道实施亮化改造工程，同时建设村级污水处理厂，配套铺设污水管道5100米，实现雨污彻底分流，让村居彻底告别“污水横流”的窘境。组织村民在周边栽植冬青、雪松、国槐、桂花等苗木3万余棵，增加绿化面积190多亩，这使得全村森林植被覆盖率达95%，让人步入村子，便能直观地感受到来自田野的纯净气息。结合村河道整治，打造了沿河景观带，让江南“小桥流水人家”的景色，在北方粗犷的土地上得以重现，给来自五湖四海的游客，带来滨海景色的绝佳体验。

“村”就是全面开展庭院建设。当时的牧云庵，与周边的村落其实并无太大差别，村民的观念也同样没有与旅游相契合。最日常的渔家小院里，院墙破落不堪、渔具随意摆放，这绝不是旅游村该有的面貌。为此，村里对全村巷道、桥梁进行改造提升，结合村居特色，打造出六尺巷、神龟望海、青云桥等12处写生景观；对村落石头房、海草房，开展保护修缮，力求在保留原生态建筑风格的基础上，不断满足游客对于住宿的硬性要求。现在看来，这些改造与时下流行的“野奢营地”有着异曲同工之妙，随着游客的口口相传，有更多人慕名而来进行体验。但“一枝独放不是春”，民宿内的环境固然变好，其他村民的住房环境如果不改善，对后续旅游的开展也会造成不利影响。于是结合“精致农家、美丽庭院”品牌行动，村里着重打造精品示范户80多户，通过“以点带线”的方式，推动全村村居环境的改善。现在村路巷道石板古朴，牧云河穿村而过，一座座民居整洁而又有韵味，仿佛真是“画中”一般。

“人”就是全面开展人文提升。游客看的是景、体验的是特色，而这些最终的依托，是人。牧云庵村民自小出生在渔村，身上不缺渔民豪迈奔放的特质，但因受教育程度低等原因，村民普遍给人一种“过于粗犷”的印象。对比“画村”的需要，少了文化底蕴的依托，让“画村”有一种浮于表面、缺少根脉的感觉。因此牧云庵从两处着手：一是大力兴建综合文化服务中心和农家书屋，定期开展政策理论宣讲、传统文化传承、非遗知识培训等文化活动，通过这些活动，潜移默化地提升村民人文素养，让原先只会作画的村民，面对前来的游客或艺术大拿，也能头头是道地聊上半天；二是邀请艺术家入驻村里，通过艺术家投资的形式，让更多人的艺术工作室落在村里，比如中国意象油画研究会主席、北京意象油画研究院院长程晓光，就在村里的撮合下，筹划了“晓光故事”工作室，这极大提升了村内的艺术氛围，也让更多喜爱艺术的人为此而来。

“建”就是全面开展基础设施建设。“当时和一名游客聊得特别好，我还问他明年还来吗，他说再考虑考虑，问为什么，他说这地方景好、人好，就是村里的一些路太破，也没有停车的地方，体验不好。”村里的民宿老板说道。对于牧云庵来说，基础设施差是阻碍旅游发展的一项很重要原因。对此，村里下定决心，对村内主干道路实行硬化，并积极做村民工作，耗费了大力气，在村庄核心区域建成1600平方米的旅游停车场，并在乡村道路沿途栽种冬青、雪松、国槐等植被花卉，同时配套十八学士小院、渔民画长廊、名家画舍、陶艺坊、宋氏三兄弟画舍等一系列景观服务设施和游览指示标识。为提升游客体验，在村内建设游客咨询服务中心、旅游厕所和村级卫生院，并增上智慧旅游监控系统，安装48处监控探头，对人流密集区、事故多发地段进行重点监控，24小时守护村内治安，为游客提供安全、舒适的游览环境，村里的管理也更加规范。这些都为后来旅游的发展提供了坚实的保障。

在发展建设的过程中，牧云庵人深刻认识到，牢固树立并积极践行“绿水青山就是金山银山”的生态文明理念，才是村子实现持续发展的归途。保护生态环境就是保护生产力，改善生态环境就是发展生产力，而牧云庵人也在生态振兴的实践中，享受到其所带来红利。

在党建引领中提升专业运营水平

“给钱给物，不如给个好支部。”牧云庵村在发展中始终坚持党建引领，村党支部建立严格的工作运行机制，乡村旅游重大事项先由村“两委”定思路，“两委”班子召开例会进行研究，邀请6名德高望重的老支书、老党员、老干部组成顾问团，请他们“把脉号诊”，最后党员、村民代表会议表决通过后方可执行。同时严格按照“科学规划，修旧如旧，适度开发”的原则，通过组织引领、党员带动、群众参与，全面开展石头房、海草房及街巷、林地修复改造工程，打造胶东海滨风貌带的示范样板。

牧云庵也在积极构建专业化经营运作模式，坚持政府及村民作为管理和监督主体，成立牧云庵渔家风情度假村有限公司，由公司对村民优秀书画作品进行统一收购，装裱包装后统一对外销售，通过定期举办画展、电商网络平台等方式，集中销售渔民画作，真正做到把作品换成真金白银。通过专业化运营模式，对“牧云庵村北方渔民画”品牌进行深入打造，全面开展线上、线下市场营销，探索“互联网+”新业态，通过微信公众号、微信群、淘宝网、赶集网等渠道，统一对外展示销售，逐步建立长效的宣传营销机制，做大做强“画的产业、渔的文化”品牌。

尾　声

纵观牧云庵的发展路径，从渔村转变为画村，从最初的办画堂授课，组织村民集中绘画并售卖的产业模式，到现在的以“画”为核心卖点，延伸出民宿、文化体验、研学旅游等全要素旅游产业链，转变的背后是对时代大势的精准洞察、对国家政策的精准把握。2020年5月，在“好客山东·乐宿”大型网络直播活动中，牧云庵被全国900多万人认识，错落有致的石头房子、云雾缭绕的连绵山峰、专心作画的农村妇女，无一不让百万群众啧啧称奇。目前，牧云庵依托资源、环境、文化优势，初步形成休闲旅游、书画培训、作品销售、特色民宿、租赁收入及文房用品销售六大板块。相信在疫情持续冲击的不利影响下，牧云庵定能在发展路径上找到新方向，实现乡村文旅产业新突破。

研讨题：

1. 在牧云庵由“渔村”转变为“画村”，推动文化旅游融合发展的具体实践中，能得到哪些启示？

2. 在发展集体经济中如何发挥好党建引领作用？

3. 在乡村振兴的具体实践中，如何发挥好特色文化资源的作用？

从传统小渔村到最美天鹅湾

——荣成市烟墩角村“生态兴村文旅富农”的实践探索

张　军

【引言】

习近平总书记十分重视生态文明建设，多次对生态文明建设作出重要指示，在不同场合反复强调“绿水青山就是金山银山”。2018 年 3 月在参加十三届全国人大一次会议山东代表团审议时，习近平总书记指出：“要推动乡村生态振兴，坚持绿色发展……完善农村生活设施，打造农民安居乐业的美丽家园，让良好生态成为乡村振兴支撑点。”

【摘要】

烟墩角村是世界著名的天鹅越冬栖息地，每年冬天，成千上万只大天鹅来此越冬，在这里最近距离观赏大天鹅成为人们的首选，这里也是远近闻名的海滨渔村。近年来，烟墩角村认真践行“绿水青山就是金山银山”的理念，确立了以“生态兴村文旅富农”的工作思路，利用每年大量天鹅来此栖息的特点，成立了荣成天鹅海旅游开发有限公司，打造了天鹅湾、花斑彩石风景区、烟墩海艺花苑等乡村旅游景点，大力发展以天鹅湾为主题的大天鹅特色旅游文化，以此带动特色旅游产业绿色升级，推动村集体经济发展，提高村民经济收入。

【关键词】

最美天鹅湾　生态兴村　文旅富农

“大天鹅来啦 ......”

“快看，‘A97’（环志大天鹅）！十一年了，它又来啦！”

又是一年寒冬时，这样清脆欢快的喊声，再次传遍了烟墩角村。每年11月，生活在俄罗斯西伯利亚、贝加尔湖地区和我国新疆、内蒙古等地的大天鹅都会成群结队地来到这片水域栖息越冬。来年3月中旬到4月初，这些美丽的大天鹅又将陆续飞回故乡繁衍生息。

野生大天鹅对越冬栖息地的生存条件要求极为挑剔，烟墩角村具备大天鹅生存必备的基本条件。这里属暖温带季风湿润气候区，四季分明，夏无酷暑、冬无严寒，年平均气温为12℃左右。尤其是冬天，温暖而湿润，海面很少结冰，有大量天鹅喜欢吃的大叶藻，食物充足。优质的生态环境吸引着天鹅万里迁徙至此，烟墩角村成为天鹅冬季理想的生存栖息地。

本就绿水青山　只待点石成金

烟墩角村位于山东省荣成市俚岛镇，是个依山傍海、景色秀丽的濒海渔村。村子不大，占地面积1.5平方公里，580户人家，耕地950亩，山峦300亩，滩涂680亩，人口1380人。这里南北环海，东临崮山，因明初为抗击倭寇在村东崮山之顶设烟墩（烽火墩），每当有侵略者进村侵袭的时候，大家就点燃烽火互为声势，习称烟墩山。村居烟墩山之西北角，故名烟墩角村。

长久以来，远离世事纷扰，静谧的渔村如同桃花源，保持着最原始的生态环境，渔民日出而作，日落而息，鸡犬之声相闻。烟墩角村村东的一座小山遮挡住黄海，在古烟墩遗址崮山岛和中华海上第一奇石——花斑彩石之间形成了一个小小的海湾，面积不到1平方公里，海湾东西各有一条清澈的小溪，将干净的淡水源源不断地汇入大海，形成了烟墩角村独特的天然潟湖，当地人称之为天鹅湾。在村里老辈人的记忆中，天鹅湾每年都有大天鹅从遥远的西伯利亚来此过冬。这里的人们敦厚善良，自觉地爱护天鹅，村民已经养成与天鹅和谐相处的习惯。为了不惊扰天鹅，村民约定俗成不放鞭炮，即使春节期间，村中也是一片温馨清静的人鸟和谐共处的景象。自然保护区成立之后，留住天鹅、爱护天鹅更是成为烟墩角村民的自觉自发行动。优越的自然环境及纯朴的人文环境，吸引着越来越多的大天鹅每年飞越欧亚大陆来此过冬。

与中国大多数传统渔村一样，烟墩角村集体经济收入以渔业为主，村集体年经济收入约 8000 万元，渔民世代以海为生，靠海吃海，渔民收入也主要来自海洋，年人均纯收入约 45000 元。应该说，烟墩角村的集体经济实力比较雄厚。然而，近年来，近海海洋资源日益枯竭，加之恶劣天气影响和出海成本不断增加，单纯依靠发展渔业难以大幅度提高渔民收入，村集体经济想实现高质量跨越式发展受到掣肘。如何解决发展瓶颈，再创经济新高，切实提高村民收入，烟墩角村人开始寻找新的发展突破点。

越冬天鹅的到来，吸引了全国各地大批的游客和摄影爱好者到荣成观鹅、赏鹅。随着游客的增多，烟墩角村接待能力明显不足，乡村旅游业及配套设施仍相对滞后。当天鹅唱响天鹅湾时，烟墩角村人敏锐地察觉到新的创业商机。烟墩角村拥有得天独厚的自然环境，东临黄海、北依龙眼港，村海岸线全长 7000 多米，绵延环绕，与村内多处自然景观，形成山美海美的风景带。本就绿水青山，只待点石成金。由此，烟墩角村人萌生了以天鹅经济引领乡村旅游业，继而加快村集体经济发展速度，壮大发展规模的大胆想法。

转化绿水青山　闯出致富新路

天鹅带来的旅游效应和人气聚集，让烟墩角村人认识到乡村旅游市场大有可为，市场需求旺盛，富农效果突出，发展潜力巨大，同时，乡村旅游也能够有效促进村民增收。而天鹅对生存地的要求极为苛刻，需要优质的生态环境，如何留住天鹅、吸引更多天鹅，并以此为媒介推动烟墩角村乡村旅游业步入快车道，更好地助力乡村振兴是烟墩角村人必须面对的问题。

在“绿水青山就是金山银山”发展理念指引下，经过深度调研，集思广益，烟墩角村人提出“生态兴村，文旅富农”的工作思路，把高质量发展要求贯穿乡村振兴始终。2017 年，烟墩角村成立了荣成天鹅海旅游开发有限公司，村民和村集体以资金、资源等方式入股，烟墩角村正式进军乡村旅游业。

生态兴村，首先要在环境治理上下大功夫，只有让游客踏进村子便有清爽整洁之感，他们才会有继续探访游玩的意愿。烟墩角村人首先对村居环境进行了整体提档升级，主要包括沙滩再造、旧港搬迁、旧房拆迁、修路筑桥、垃圾回收等工程，投入 1000 多万元，完成近 3 万平方米的花斑彩石路、观鸿路升级，拆除6处废旧厂房7000多平方米，粉刷厂房外墙2.8万平方米，绿化近3万平方米，改建停车场约8000平方米，沿途管线全部入地，污水改厕实现全覆盖，2017年全国农村厕所污水治理现场会在此召开。

干净的村居环境只是吸引游客的第一步，优化景点生态环境才是关键。以天鹅湾为例，它是烟墩角村乡村旅游业的地标，经过多年的宣传推介，已成为热度很高的景点，每年慕名而来的游客数以万计。为了更好地保护大天鹅，村子制定了严格制度，将“严禁燃放烟花爆竹”等规定写入村规民约。成立了32人专职管护队伍，清理海边卫生、维护公共设施、24小时昼夜巡逻和保护救助大天鹅。定时对天鹅湾周边进行消毒，定期抽检大天鹅粪便送检，以保证大天鹅健康无疾。村民每天3次按时为大天鹅抛撒投食玉米，保证大天鹅饮食无忧。据统计，烟墩角村年管护喂养大天鹅的费用逾百万元。村子投资30万元通过政府招标采购监控设备30套，安装在保护区重点地段及重要路口，时时监测人为活动对大天鹅的影响，将人为活动对大天鹅的影响降到最低限度。

文旅富民，就要整合村内旅游资源，发展特色旅游项目，闯出一条致富新路。一方面，对原有的景观进行保护和修缮，打造独具村居特色的乡村旅游景点，最大限度保持村居古朴风貌。另一方面，发掘新景点，开发新产品，增设游乐项目，谋求新的经济增长点。

如果说天鹅湾是被越冬天鹅带火的网红打卡地，那么花斑彩石就是大自然赋予烟墩角村的礼物，它是烟墩角村发展乡村旅游业最原始的景点，也是让烟墩角村闻名遐迩的最先引爆点。

花斑彩石位于烟墩角村东南方海域，距海岸50多米，是一块5亿年前寒武纪火山喷发的基性火山岩、凝灰岩。花斑彩石长约35米，宽约20米，高约9米，总体积7000立方米。它是我国海蚀地貌中不可多得的珍品，具有极高的科研和历史文化价值，也是我国大陆18000公里海岸线上唯一集海蚀柱、海蚀纹、海蚀浮石为一体的海上奇石。由于它体积巨大，造型奇特，色彩艳丽，花纹多变，自古以来就被誉为大东胜景，早在清朝道光年间就被誉为荣成八大景之一，近年来更被誉为“中华海上第一奇石”。加之关于花斑彩石的传说众多，自古就有“秦皇驾临三拜彩石奇观，众生幸游万事马到成功”的说法，吸引众多游客前往观赏。

为了把花斑彩石这一原有景观更好呈现给游客，烟墩角村投资千万元，开发了一处综合旅游景区，包括奇石馆、文物馆、书画馆、藏书馆等，大大丰富了景点的内涵。将景区内的一栋3000平方米楼房，设立为山东省休闲海钓示范基地，开展吃、住、行、培训交流服务。在景区内重新建设海上牧场展馆、天鹅展馆、奇石观赏区和游客购物区四个重点区域，打造游客旅游观光区域，游客在此可以陶醉在自然与人文景观中，纵横于现代和历史的奇妙世界里。

大自然的鬼斧神工创造了花斑彩石，而烟墩角村人则用另一种独特技艺创造了生态民居活标本——海草房。在烟墩角村中部，踏着斑驳的青石板小路，蜿蜒巷道的两侧，一片保存完整、极富胶东特色的传统生态民居海草房徐徐展开。海草房以海草苫顶，质感蓬松，浅褐色中带灰白色调，成排连片，烟墩角村约有1300多间海草房，其历史均在200年以上，其中年限最长的已达300多年，是国内罕见的。2006年，海草房民居建筑技艺被列为山东省省级非物质文化遗产，历经数百年风雨的海草房，在古韵中焕发新生。为保护传承海草房这一民俗资源，烟墩角村每年投资20万元进行修缮保护，全力维护海草房的原形原貌，最大限度保持海草房的“原汁原味”。

近年来，随着游客大量涌入，原有的天鹅湾、花斑彩石和海草房等景点已满足不了游客对乡村旅游的期待，与旅游相配套的服务也显得力不从心。烟墩角村人开始加强乡村旅游业管理，寻找新的经济突破点。

首先，对村居进行了功能区域的重新定位。将村民生活区划分为两大部分，把渔家乐、民宿购物与村民生活区划分出来，进行集中管理。由村民委员会对现有的150多户渔家乐统一制定饮食、统一制定住宿价格，有效杜绝恶性竞争和欺客行为的发生。为了规范服务质量，烟墩角村修建具有示范作用的精品民宿8套，免费配备消毒柜、餐具等配套设备，对渔家乐门头、村内标语和道旗进行重新设计安装，统一规划，用仿古、自然的材质更换，对村内主路瓦房进行海草房屋顶改造和墙体翻修，达到与周围环境的和谐统一。同时，对旅游民宿房进行风格建设，通过对往年旅游游客关于民宿房居住选择的信息采集、分析，发展不同装修风格的民宿房来供游客进行选择，包括中式风、欧式复古风、精装修等各式民宿房，同时建设高、中、低三档供各层级消费人群进行选择，满足大众需要。

其次，开发渔业特色体验游项目。一是引进旅游开发团队，开发烟墩角南侧8000平方米海产品加工生产区域，打造游艇码头、渔具展览区和海产品加工体验区，开发特色的渔业互动体验项目。游客可以旅游观光、住海草房、吃渔家饭，体验养殖、垂钓、采摘、海上运动等休闲旅游项目，全力打造渔业体验小镇。同时，引进社会资本，启动商业运营，规划设计5个功能分区、24个实施项目，村内建设停车场、健身休闲广场、大型购物超市等各类服务设施，计划创建AAAA级景区。二是增设一处写生基地，在村南面朝大海之处，专门建设房区，名曰烟墩海艺花苑，作为写生中国总部驻烟墩角办事处，专职负责接待外来写生人员。原生态的渔家风情，吸引着国内外众多艺术人才来此写生、旅游和观赏，尤其是全国高校艺术生。大家住的是渔村老宅，睡的是胶东火炕，白天背着写生包用双脚丈量着这个独具特色的村落，遇到心仪之处，便任由笔尖在画布上肆意挥洒。在沙滩，在屋前，在码头，村里几乎处处都有写生人的身影，每年来烟墩角村的写生人员数以千计，一年四季源源不断，人在风景中，也成了风景。

烟墩角村人并不满足于简单的建景点收门票的经济模式，而是有着更深层次的考虑，经过多年发展和能量积聚，烟墩角村乡村旅游业的品牌培育被提上了村发展日程。

围绕解决冬季游客多、夏季游客少的问题，烟墩角村创建“冬赏天鹅，夏游牧场，住海草房，吃渔家饭”旅游品牌，投资近千万元，改造提升现有的花斑彩石景区，在大天鹅自然保护区以外，开发建设海上平台和休闲海钓示范基地，借此延长产业链条，打造四季旅游新业态。依托现有渔业资源，烟墩角村深入挖掘渔业文化和天鹅旅游资源，进一步完善吃、住、行、游、购、娱旅游六要素配套建设，增设天鹅科普艺术馆、传统渔文化体验馆、精致天鹅客栈、海洋牧场研学旅游基地、花斑彩石AA级景区、高等级休闲海钓船、烟墩角—临洛湾游步道、游客解说系统和景区旅游标识系统等项目。村内设志愿服务中心、培训中心、多功能会议室、便民服务大厅等公共服务设施和文化休闲娱乐空间，为游客提供便利化综合服务。山东电影制片厂在此拍摄电视连续剧《温暖的村庄》，烟墩角村及时将拍摄基地打造成“俚岛会客厅”，作为民俗体验和影视观光区，集中展示推介烟墩角村形象，进一步提升知名度。

烟墩角村非常注重人才培养，对从业人员严格管理。组织人才管理培训，强化服务意识，提高工作人员服务态度、服务能力以及精神风貌。在大天鹅展馆、海带标本展馆、民俗村生活馆设立讲解人员，做好烟墩角村发展史宣讲工作。利用村内民宿发展和相关旅游资源，吸引、培养优秀人才在村创业，对返乡创业人员给予优惠政策，并提供扶持与培训相关服务。对村内实行分区管理，由各区负责人对区内民宿房进行组织和管理，形成典型带动，推动创新发展。对有想法的创业人员和返乡大学生，提供各种相关的便利条件，鼓励他们大胆尝试、大胆创新创业。

由此，烟墩角村通过发掘海草房、渔家民俗、电视剧拍摄、艺术写生等资源，打造了集天鹅旅游、民宿经济、花斑彩石、海洋牧场于一体的特色渔村，形成了以“缘来烟墩角·情满天鹅海”为主题的全省冬季旅游品牌。

依托绿水青山　增进民生福祉

天鹅来了，村居环境更美了，致富的金凤凰也如期而至了。烟墩角每年吸引 40 余万人次游客前来观光、摄影、写生和休闲养生，旅游总收入可达 800 多万元。各种荣誉也接踵而来：2012 年 1 月被中共山东省委农村工作领导小组授予“山东省生态文明村（社区）”称号；2014 年获得“中国传统村落”称号；2017 年获得省级“绿色村”称号，11 月被农业部办公厅授予“中国最美渔村”称号；2018 年获得“先进村”称号；2020 年获得“全国旅游重点村”称号；2021 年获得“美丽乡村创建之星”、威海市“相约乡村振兴路活动打卡地”称号。

在荣誉面前，烟墩角村人坚守初心，始终坚持发展成果惠及民众的理念，不断增进民生福祉。实行农村集体资产股份制改革，重点实施名优水产养殖、人工鱼礁投放、增殖放流、海上垂钓基地、产学研合作等项目，引导渔民上岸进企，增收致富。开展党员与困难群众“一对一”帮扶，使帮扶对象在工作上学技能，经营上做生意，生活中得照顾，经济上有收入。完善村民福利待遇，每年拿出300多万元，为60岁以上的老人发放900元到6000元的养老金和退休金，减免所有村民的水电费和有线电视收视费，逢年过节分发鱼虾米面等物资。推进乡风文明建设，结合四德工程，打造村综合服务中心，配备老年活动室、妇女之家、娱乐健身广场等，定期组织放电影和广场晚会，切实提升群众幸福指数。创新村庄治理手段，结合农村村民信用管理体系，重新修订村规民约，设立村级信用基金，用于奖励孝亲敬老、助人为乐等“善行义举”，通过信用建设带动群众规矩意识和文明习惯养成，几年来村里没有发生一起信访、治安和刑事案件，形成共建共享的农村治理氛围，从源头上加快乡村振兴。

万顷湖天碧，一池雪花白。生态环境的保护与改善，使烟墩角村成为人与天鹅和谐相处之地。生态优势变成经济优势，吸引了游客，吸引了投资者，应运而生的乡村旅游业大大增加了村民收入。这充分说明了美丽环境能够带来真金白银，绿水青山就是金山银山。

研讨题：

1. 结合对本案例的学习，烟墩角村乡村旅游业发展的成功因素有哪些？

2. 你认为烟墩角村还应在哪些方面开发乡村旅游产业，更好地促进乡村振兴？

建设“村美人和”新农村

——荣成市八河孔家推进农村人居环境整治的做法

孙君秀　于华林

【引言】

习近平总书记指出：“保护生态环境就是保护生产力、改善生态环境就是发展生产力；良好的生态环境是最公平的公共产品、是最普惠的民生福祉。”“实施乡村振兴战略，一个重要任务就是推行绿色发展方式和生活方式，让生态美起来、环境靓起来，再现山清水秀、天蓝地绿、村美人和的美丽画卷。”

【摘要】

东山街道八河孔家的美丽蜕变只是东山街道按下乡村环境整治“美颜键”的一个缩影。多年来，该村聚焦垃圾乱倒乱放、污水横流、厕所脏臭等农村环境顽瘴痼疾，以突出抓好垃圾治理、污水处理、厕所革命等重点工作为突破口，坚持把农村人居环境整治作为乡村振兴的第一场硬仗。通过党建引领、信用管理、志愿服务，推动各项治理行动齐头并进，村容“颜值”一再提升，群众生产生活环境得到持续改善。环卫一体化、垃圾分类、厕所改造、污水改造等工作均在街道名列前茅，八河孔家村先后获得“美丽乡村”“清洁家园”等称号。

【关键词】

八河孔家　人居环境　厕所革命

走进八河孔家村，笔直的村道干净整洁，彩色的墙画装饰一新，农家小院布局错落有致，花草树木交相辉映，浓浓的乡韵古色古香，引人入胜。由“乱”到治、因治而美，如今的八河孔家村正悄然变美，变化源自持续实施的“三清一改”，源自近年来实施的农村人居环境整治行动。

2019年，荣成市深入贯彻落实习近平总书记关于改善农村人居环境的重要指示精神，系统谋划、精心组织，在落实“三清一改”要求的基础上，同步推进清广告、清线缆、清违建、清废弃宅基地的农村公共环境“四清”工作。东山街道八河孔家聚焦垃圾乱倒乱放、污水横流、厕所脏臭等顽瘴痼疾，以突出抓好垃圾治理、污水处理、厕所革命等重点工作为突破口，坚持把农村人居环境整治作为乡村振兴的第一场硬仗，高标准、严要求、人性化推进人居环境整治工作，村容“颜值”一再提升，群众生产生活环境得到持续改善，环卫一体化、垃圾分类、厕所改造、污水改造等工作均在街道名列前茅，先后获得“美丽乡村”“清洁家园”等称号。

昔日“脏乱差”难觅美丽乡村容颜

每天早晨8点刚过，村中央的广场就热闹起来，吃过早饭的老人三三两两来到这里散步、闲聊、健身，不时还有几个孩童在尽情玩耍，欢声笑语，尽享美好乡村生活。

“之前这个大广场常年堆放着很多生活垃圾和建筑杂物，常年散发出一股恶臭味，下雨天黄泥路脏兮兮的根本没法走，别说跳舞，即便要从这里经过，大家也会绕着走。”谈起当年的村庄环境，村支书王浩很感慨。

八河孔家村位于东山街道东北部，全村现有居民145户380人。环境整治之前，村中央一个占地约200平方米的广场，常年被垃圾包围，尤其到了夏天，一些菜叶子、泔水特别容易腐败，滋生的蚊虫特别多，垃圾发酵的恶臭味让住在周边的村民连窗户都不敢开……为有效解决“脏乱差”，村党支部书记和村“两委”成员费尽心思，每年花费2万多元雇用专人清理，但清理得不彻底又不及时，再加上村民总是随手乱倒乱放，导致广场常年有清理不完的垃圾，糟心的环境极大影响了村民的获得感、幸福感。

环境是反映一个地方精神文明建设的重要窗口，农村人居环境不仅能体现地方发展的软实力，更直接关系到农民群众身体健康和生活质量。经过多年发展，八河孔家在道路交通、供水供电等基础设施方面都有了极大改善，人们的生活水平也有了大幅提高，但受生活习惯的影响，各家各户打扫自家房前屋后卫生、参与整治和爱护村庄环境的自觉性并不高，参与意识也不强，家家户户门口常年散乱堆放着各种杂物和生活垃圾，既不美观也不卫生，尤其是生产污水、厨余垃圾、秸秆堆放、畜禽养殖等问题治理明显滞后，导致路面常年污水横流、垃圾随风满街跑……

"之前用完的炉灰和污水到处都是，柴草大都乱糟糟地堆在路旁，厕所味太重，逢年过节孙子都不愿意回来。"保洁员李阿姨感慨万分，这是人们对八河孔家村环境的突出印象。环境的好坏直接影响着群众的生活质量，没有一个优美宜居的乡村环境，人民群众的幸福指数就会很低。倡树乡风文明，改变不良生活习惯，提高村民清洁卫生意识，确保房前屋后整洁有序，村庄常年干净、空气清新变得尤为重要和迫切，也是新形势下压在各级领导干部身上的一副重担。

清污治乱，乡村旧貌换新颜

党的十九大报告提出实施乡村振兴战略，明确提出"产业兴旺、生态宜居、乡风文明、治理有效、生活富裕"的总要求。2018年3月8日，习近平总书记在参加十三届全国人大一次会议山东代表团审议时指出，农业强不强、农村美不美、农民富不富，决定着全面小康社会的成色和社会主义现代化的质量。要深刻认识实施乡村振兴战略的重要性和必要性，扎扎实实把乡村振兴战略实施好。"产业振兴、人才振兴、文化振兴、生态振兴、组织振兴"是习近平总书记对实施乡村振兴战略目标和路径的明确指示，而农村人居环境整治则是实施乡村振兴战略，实现乡村生态振兴的重要组成部分。

如果说始于2013年的美丽乡村建设是新农村建设的升级版，那么生态宜居则是美丽乡村的提升版。在美丽乡村建设过程中，人们较多地感受到美丽乡村建设的外在性，这亟待在绿色发展理念指导下，提升美丽乡村建设水平，推动美丽乡村走向健康乡村，增进广大农村居民的生态福祉。2019年，荣成市深入贯彻落实习近平总书记关于改善农村人居环境的重要指示精神，在落实"三清一改"要求基础上，把改善农村人居环境作为实施乡村振兴战略的首场硬仗，重点对污水治理、垃圾清理、村容村貌提升等重点工作，系统谋划、一体推进，群众生活质量得到明显改善。东山街道八河孔家聚焦垃圾乱倒乱放、污水横流、厕所脏臭等顽瘴痼疾，把突出抓好垃圾治理、污水处理、厕所革命作为实现生态宜居的有效抓手，高标准、严要求、人性化推进人居环境整治，村容“颜值”一再提升，群众生产生活环境得到持续改善。

小厕所，大革命。小康不小康，厕所算一桩。厕所是文明的尺度，也是社会发展的注脚。厕所问题不是小事情，是城乡文明建设的重要方面，“厕所革命”事关农民群众最关心最直接的现实利益，既是治理农村人居环境、建设美丽乡村的基础工程，也是实施乡村振兴战略的关键抓手。

“从前家里是旱厕，夏天蚊虫叮咬，冬天四处漏风。2016 年以来，村里全面推进‘厕所革命’，铺设了污水管网，还建起了污水处理站和污水提升泵站，家家户户的旱厕都变成了水冲式厕所，又方便又干净。”村民董阿姨对改厕赞不绝口。

厕所革命是八河孔家农村人居环境整治的第一场硬仗。2016 年 3 月，村“两委”班子开始规划进行无害化厕所改造，他们充分认识改厕的重大意义，牢固树立主体意识、责任意识，全程参与、全程监管、全程服务，确保改一座、成一座、用一座、好一座。

“五个明确，五个不留”的工作思路确保认识一致。所谓“五个明确，五个不留”，即明确这项工程虽然由上级统一招标施工，但村党支部绝不能置身事外，必须切实担负起责任，充分发挥好领导作用，保证把好事办实，把实事办好，不留骂名；明确必须高标准、严要求，严格保证质量，保证住户满意，不留后患；明确施工方、住户所提要求必须要经村“两委”会讨论决定，任何人不得私下应允，公开公正，不留是非；明确必须充分尊重群众意愿，做到应改则改，不留死角；明确必须树立精品意识，改造后要不影响整体村容村貌，不留遗憾。思想认识统一是做好任何事情的重要前提，在确保村“两委”班子成员思想认识统一后，通过宣传发动，讲政策、解疑点、消顾虑，全村上下很快达成一致意见，为改厕工作顺利推进打下了坚实的群众基础。

务实管用的管理机制确保工程的进度和质量。为确保后续施工无缝对接，村里成立了志愿服务小分队、质量监理小分队和后续施工小分队，极大保证了工程的进度和质量。“我们村在上级统一安排工程质量监理基础上，又精挑细选了两名这方面的老本行，专门负责质量监理，他们严格把关、认真负责，施工队施工到哪，就监管到哪，施工方也佩服得不行。”村“两委”委员王艳杰提起改厕打开了话匣子。厕所改造事关群众最关心最直接的现实利益，成立的三个小分队让工期整整提前了两个多月。为了能在第一时间解决各户出现的小问题，村里又建立了情况反馈、质量监管、纠纷调处三种快速反应机制，这些务实管用的举措不仅能够有力帮助群众排忧解难，还能够及时刹住改造中出现的一些歪风，赢得群众普遍赞誉。

“五个一”的严格要求确保工程精品。厕所改造得好不好、群众满不满意，关键在质量。所谓“五个一”，即一个都不能少，只要群众有需求，即使难度再大，也要一个不剩全部改造到位；一个都不能漏，厕所改造粪池漏不漏是关键，为保证每一个粪池都不漏，要求施工方务必保证每个粪池抹灰三遍；一个都不能冻，解决粪池自来水管冬天上冻的问题，是农村厕所改造的重点，更是难点，为确保一个都不能冻，村“两委”与施工方协商确定所有自来水管都要入地，不能入地的全部做保温处理；一个都不能堵，为确保池内不存水，最大限度减少气味污染、蚊虫滋生，粪池出口全部安装滤网；一个都不能歪，统一采购大理石板铺盖，保证整齐划一，美观大方。“五个一”的严格要求确保了工程精品，坚决杜绝了豆腐渣工程、堵心工程，这成为全村老百姓最满意的一项民生工程。

到 2019 年，八河孔家村先后投资 110 万元，共改造 169 户，建设了户型污水处理器 2 台，日处理污水 35 吨，铺设排水管道 4000 米，卫生间设坐便器及自来水冲水装置，村民生活污水、厕所粪便全部接入污水处理器进行处理，整村实现雨污分流。

垃圾分类引领文明生活新风尚

“垃圾分一分，环境美十分。”实施生活垃圾分类是一项利国利民的工作，实现垃圾源头减量涉及千家万户切身利益，关乎乡村全面振兴和美丽乡村建设。自 2018 年起，八河孔家村按照人居环境整治活动要求，拆除鸡棚、猪圈及草厦子130多处，设置柴草集中堆放区、有害垃圾集中存放点各1处，烟头集中投放点10处，各户房前屋后柴草杂物等全部得到清理。同时，创新环境保洁模式，取消保洁员，采取“志愿+网格+住户+信用”的方式，织密环境卫生整治大网，在此基础上，环境卫生整治向美丽庭院延伸，全部住户达到清洁户标准要求，示范户、精品户占比分别达到60%、20%。2019年6月1日，东山街道在八河孔家村举行了垃圾分类启动仪式，八河孔家的垃圾分类工作由此按下“快车键”。

率先成立义务清洁队。采用义务清洁队员包户机制，挨门挨户定期加强宣传引导，让垃圾分类成为全村的新习惯、新风尚，制定《八河孔家村垃圾分类及卫生考核管理检查制度》，村民垃圾分类意识和参与积极性得到有效提高。

推行“六定”工作法，规范村民投放垃圾。（1）定点收集。村内建有1个垃圾分类房、17个240L垃圾分类桶，每户配备一组小型户用垃圾桶，统一摆放在大门口，保证日产垃圾全部清运。对年龄较大、行动不便、卧病在床的，发动志愿者及时进行帮扶。（2）定人检查。每天早晨5点到6点半为集中投放时间，规定3名村“两委”成员加4名志愿者每人负责一天，在集中投放点逐个检查村民分类质量，对可燃、不可燃垃圾分类好坏及有害垃圾上交量进行登记、检查。（3）定量考核。运用征信、党员量化积分等方式，对积极上交有毒有害垃圾、按要求分类的进行量化奖分，对不按照要求进行分类处理的予以量化扣分，每月将检查结果列入征信考核公示范围，每季度发放一次征信基金。（4）定时对接。每次确定2名管理员，定时对接街道运输车运送垃圾。（5）定期公示。通过主题党日、公开栏、广播等形式每月定期对居民垃圾分类情况进行公示，对出现的重要问题要及时进行公示通报。（6）定期保洁。街道转运后，每天值守人员要及时查看是否有遗撒，做好清理工作。其标准为大垃圾桶桶盖要长期处于关闭状态，桶盖和桶体要定期冲洗，及时督促村民做好小垃圾桶的保洁工作并确保常态保洁。

“以前，垃圾随风满村飘，生活污水顺路流，村里总是脏兮兮的。现在通过垃圾分类，村庄变干净了变美了。坑坑洼洼的土路变成了水泥路，村道两旁栽上了绿化树，村里的文化广场配备了健身器材，成为村民休闲娱乐的好地方。”说到村庄变化，保洁员李阿姨高兴得合不拢嘴。

2020年以来，村里安装了智能语音视频监控，自动识别前来投放垃圾的人员并进行语音提示，及时提醒投放人员按标准要求分类投放垃圾。分类收集的可回收垃圾经过统一处理后，垃圾总量和原来相比能减少70%以上，有效实现了生活垃圾减量化、资源化、无害化。

“俺村群众由刚开始的不理解，到现在垃圾分类已成为一种习惯。”妇女主任王立芳自豪地介绍。现在村民餐厨垃圾分类正确率达100%，无害化处置率达100%，更多居民参与到了垃圾分类的行动中来，形成了节约资源、爱护环境的文明生活新风尚。

创新体制机制，打造从“面子”美到“里子”的乡村人居环境

农村人居环境整治是一项系统工程，不仅能美了乡村的“面子”，旧貌换新颜，也让村民改变不良生活习惯，养成文明健康生活方式，实实在在美了“里子”。八河孔家村的成功实践启示我们，要打造美丽乡村环境，离不开党委引领、机制创新和干部群众共同参与所凝聚成的强大合力。

首先，打造“党员带头＋群众参与”的农村环境治理新模式。

“八河孔家村环境的变化，离不开新时代文明实践志愿者、广大村民的积极参与和热情奉献。”村党支部书记王浩介绍，“在党员干部带动下，志愿服务队依托农村‘大喇叭’、微信群、入户宣讲和发放倡议书等多种方式，全方位宣传农村人居环境整治的重大意义，引导农民群众深刻认识到人居环境整治与自身生产生活的密切联系，从‘要我整治’变为‘我要整治’，有效防止群众成为‘局外人’。”

农村人居环境整治，农民是受益者，更是主要的参与者。推动农村人居环境整治，八河孔家村确立了“村‘两委’干部带头拆、普通党员紧随其后、村民代表再跟上”的压茬推进思路，很快产生了“一带十、十带百”的连锁效应，形成了以群众为主体，党员带头引领示范，全民参与人居环境整治的良好氛围。“党员带头＋群众参与”的农村环境治理模式，充分发挥了基层党组织的战斗堡垒作用和党员先锋模范作用，通过组织开展党员挂牌、承诺践诺、志愿服务等活动，发挥村党支部、党员引领带动作用，形成了“组织有号召，支部有响应，

党员有行动，群众齐参与”的工作新格局，实现了事事有人管、处处有人干、人人参与环境整治的良好局面，引导群众积极参与人居环境改造，让乡村环境实现了从“一时美”向“持久美”转变。

其次，形成“信用 + 监督”的农村环境治理长效机制。

“完成农村人居环境整治只是第一步，要让整个乡村始终保持靓丽容颜，没有一个长效机制做支撑肯定不会长久。”村党支部书记王浩介绍，“主动报名拆除乱搭乱建的每户奖励信用分 5 分，奖励信用基金 300 元至 500 元不等，对于应当拆除而拒不拆除的扣罚信用分 10 分，扣减信用基金 500 元，取消当年村内所有福利待遇。”

在农村环境整治中，八河孔家村依托“环境整治 + 信用”模式，把信用作为调动群众参与整治的主抓手，实现环境整治“全民参与，常态保持”，大到违建拆除，小到门前“三包”，八河孔家村都用信用管起来。每户群众的违建拆没拆、房前屋后干不干净、垃圾分类做得好不好，直接用信用积分体现出来，在村内张榜公布、在大喇叭广播，谁积极参与、谁拖后腿，第一时间让全村人都知道，形成了“不参与整治就是后进”的倒逼机制。同时还与村民福利待遇直接挂钩，开设了信用超市，每季度开展“垃圾积分换购”活动，大张旗鼓表彰积极参与整治的群众，形成了人人出力、户户参与的良好态势。为了巩固治理成效，八河孔家村又及时把环境整治后的“脏乱差”反弹问题，纳入了志愿者网格员的日常巡查范围。现有 3 名网格员成为环境卫生义务巡查员，一旦发现环卫问题反弹就会及时督促整改，若整改不到位就纳入征信，并建立起常态化工作机制。据统计，2020 年八河孔家村共发放各类信用基金 8.08 万元，涉及 637 人次，有力地将信用建设这个“软约束”变成了推动工作的“硬抓手”，让自觉参与整治的群众有了更多的获得感和荣誉感。

最后，激活“志愿服务 + 巾帼红”的农村环境整治内生动力。

村庄清洁是一场硬仗，表面看改变的是农村卫生环境，其实深层改变的是农民的生活方式和习惯。八河孔家村把志愿者带动引领作为群众全员参与乡村治理的重要内容，凡是群众可以自己干的整治任务、村级事务全部转为志愿服务内容，跟进信用加减分。目前，村中近 100 名志愿者成为全面参与村居卫生常态化保洁、垃圾分类、网格化管理的“引领者”。

“志愿者中有三分之二是妇女同志，他们不只顶起‘半边天’，现在村里的各项环境整治工作也离不开她们。”村党支部书记王浩自豪地介绍。“志愿服务 + 巾帼红”激活农村环境整治内生动力，成为农村环境整治的一道靓丽风景线。广大巾帼志愿者活跃在清扫卫生、搬运垃圾、拆除私搭乱建等环境整治一线，成为农村人居环境整治的主力军。

“垃圾分类始于心，持之以恒在于行。”巾帼志愿者们充分发挥自身优势，积极宣传垃圾分类处理知识，倡导文明新风，争当环境整治劝导员、保洁员和督导员，同时又对家庭成员言传身教，改变不良的生活习惯，形成人人参与、家家保洁的浓厚氛围，为共同营造美丽乡村贡献力量。

研讨题：

1. 八河孔家在厕所改造和垃圾分类过程中，可圈可点的做法有哪些？带来的成效及影响如何？

2. 多年来，八河孔家是如何采用“信用 + 监督”的长效治理机制，打造从“面子”美到“里子”的乡村美丽环境的？

3. 在对农村人居环境进行整治的过程中，八河孔家村“两委”干部是如何带领党员群众产生“一带十、十带百”的连锁效应的？

突出生态美　做活“海”文章

——荣成市东楮岛村乡村振兴的实践探索

毕建军

【引言】

习近平总书记在十九大报告中指出，“建设生态文明是中华民族永续发展的千年大计。必须树立和践行绿水青山就是金山银山的理念，坚持节约资源和保护环境的基本国策，像对待生命一样对待生态环境，统筹山水林田湖草系统治理，实行最严格的生态环境保护制度，形成绿色发展方式和生活方式，坚定走生产发展、生活富裕、生态良好的文明发展道路，建设美丽中国，为人民创造良好生产生活环境，为全球生态安全作出贡献。”

【摘要】

荣成市宁津街道东楮岛村，现有居民180户，人口460人。东楮岛村在产业发展过程中坚持“科技引领，绿色发展”的原则，不断提升资源整合力度，完善配套基础设施，推动海洋渔业转型升级。先后投资发展了渔业装备更新换代、规范养殖布局、海洋休闲旅游等领域，重点打造了符合产业发展方向、具有高技术含量、市场发展前景广阔的现代海洋渔业示范项目，进一步整合东楮岛村独特滨海自然优势，将历史文化、渔家文化与海洋文化、科普教育等相结合，构建集海水养殖、休闲渔业、科技研发、海洋食品于一体的综合性现代化乡村发展新模式。同时打通一、二、三产业，将现代养殖、休闲渔业、生态旅游等产业有机融合，走出一条可持续发展的乡村振兴之路。

【关键词】

东楮岛村　海洋文化　乡村振兴

东楮岛村建于明万历年间，现有海草房144户、650间，占地面积21600平方米，建筑面积9065平方米，是胶东地区海草房保留最完整的村庄之一，被誉为生态民居的活标本。这些海草房具有“冬暖夏凉，居住舒适，百年不腐”等特点，沉淀着浓厚的历史文化，蕴含着丰富的地域特色，承载着淳朴的民俗风情，体现着卓越的古建筑艺术，是国内外不可多得的宝贵资源。同时，该村还有7.5公里长的海岸线，5公里长的天然优质沙滩，是天然的海水浴场；有300亩的天然赶海滩涂，盛产海参、螃蟹、扇贝、牡蛎等海产品。海岸、沙滩、阳光和岛屿有机结合，形成了岛、湾、礁、石的完美海洋组合景观，游客可以在东楮岛村住一天海草房、吃一天渔家饭、睡一天农家炕、当一天渔家人、看一天民俗情，感受一下海草房质朴古拙的渔家气息，体验一下生活在原生态渔村的感觉。

整合海洋资源，激活传统渔村转型升级新动能

位于桑沟湾南岸的东楮岛海洋牧场，海域面积200公顷，拥有国家一类水质和各类鱼类资源。但是，20世纪90年代以来，由于过度开发捕捞，近海渔业水产品资源迅速枯竭，东楮岛村传统的近海捕捞业产量萎缩，发展难以为继，而集体村办养殖业也因为规模小、品种经济附加值不高，经济效益逐年下滑。2004年，东楮岛村紧抓新旧动能转换契机，整合村集体滩涂、海区优势，由传统的捕捞和粗放养殖转向生态养殖、全产业链经营。一是变“单打独斗”为“规模经营”。对村办企业楮岛水产有限公司进行股份制改造，村内滩涂和海区由公司统一经营，村民每户入股3000元，村民占股28%，管理层占股20%，职工占股52%，传统的村办小厂一跃变成规模化的股份制公司，村民的经济发展积极性被充分调动了起来，群策群力、出谋献策，经济效益大幅增长。二是变“粗放养殖”为“生态养殖”。东楮岛村树立了“科技是第一生产力”的发展原则，与中科院、中国海洋大学等十多家高校、科研院所建立长期合作关系，推动产学研融合发展模式。与众多科研单位共建“国家贝类产业技术体系荣成综合试验站”“唐启升院士工作站”“海草床生态系统碳汇观测站”等科研站点，每年实施人工增殖放流20万尾以上，探索发展网箱养殖、工厂化养殖等新型生态

养殖方式。在科技支撑下，东楮岛村走向了绿色高效生态可持续发展道路，依托现代海水养殖新技术、新方式和新空间发展战略，在桑沟湾构建了一套浅海绿色高效可持续健康养殖模式。在该模式中，一些生物排泄到水体中的废物成为另一些生物的营养物质来源，这样可以充分利用输入到养殖系统中的营养物质和能量，可以把营养损耗及潜在的经济损耗降到最低，从而使系统具有较高的容纳量和可持续的食物产出。在贝类产业技术体系岗位专家技术指导下，东楮岛构建并实施了扇贝与海带、牡蛎与海带套养、间养等生态优化养殖模式与技术，并在2015—2018年，实施了三年的浅海贝藻筏式标准化生态养殖示范。结果显示，该养殖模式既能保护生态环境，又可以将老百姓利益最大化。该模式充分利用养殖海区的养殖容量，将几种养殖种类组合养殖，在充分利用养殖水域和养殖设施的同时，实现环境保护和经济效益协同发展。2018年，东楮岛村8000亩筏式养殖海域，与传统养殖模式所在海域相比新增销售收入600余万元，经济效益十分显著。三是变“单一养殖”为“产业链”经营。股份制公司成立后，又逐渐修建成立了冷藏厂、船厂、养殖场等，形成了捕捞、育苗、养殖、加工、配套于一体的全产业链经营体系，申请了绿色无公害食品认证，拿到了进军市场的绿色通行证，并先后注册了“楮岛”“楮岛海参”等商标，使产品经济效益提高20%以上。

挖掘传统民俗资源，开创民宿旅游新模式

海草房是最具胶东特色的传统民居，早些年村民谁也没有把世世辈辈的海草房当回事儿。2006年前后，随着渔村经济发展，村民逐步富裕，不少村民搬进了二层小楼，部分海草房就被闲置了。由于年代久远加之无人打理，有的海草房面临倒塌危险。“这是咱老祖宗留下的东西，是咱东楮岛的根儿，得让它传下去。”经村“两委”研究决定，实行两套方案：有能力修缮的村民，可以在海边免费捞海草；没有经济能力和劳动能力的村民，可以把海草房卖给村集体，由集体负责修缮。说干就干，东楮岛村对144户、650间海草房进行了保护性开发，创造了海草房民宿旅游新模式。一是科学编制发展规划。在考察学习江浙地区先进经验基础上，村党支部牵头并全额出资，对村内海草房进行集中修缮，聘请天津建筑设计院进行策划，制定了传统村落保护和旅游发展规划，奠定了发展基础。为了抢救这些濒危的海草房，当地政府向上级争取了800万元资金，对村里的旧海草房进行修缮，时常能看到有三四个老手艺人往屋顶上苫海草。海草房民居整个建造过程有70多道工序，全部采用民间手工技术，像苫海草这一项就得耗费一周时间，苫海草本身又是具有很强观赏性和参与性的非物质文化遗产保护活动，能吸引人们参与。现在村里的几百间海草房陆续得到了维修保养，重新焕发了生机活力。2012年，东楮岛村入选首批中国传统村落名录。二是开创民宿旅游新模式。引进北京世纪唐人旅游公司，按照"一院一主题·一房一文化"原则，外部保持海草房原貌，内部进行高标准改造，并将历史记忆、宗族传衍、俚语方言、生产方式等特色文化创新表现，打造了15座特色民宿。将700平方米的旧礼堂改建为"荣成海草房国际艺术交流中心"，并将其作为"中国海草房博物馆"对外展现。建设了一处"乡村记忆馆"，展陈历史物件300余件，打造了一条特色古街，设有咸鱼坊、豆腐坊、抗战纪念馆等，展示胶东特有的渔村风情，并建设老楮树酒吧、画廊、艺术创作基地等时尚站点，将传统与现代完美结合，形成岛、湾、礁、石的完美海洋自然景观，成为胶东特色民宿旅游基地，每晚住宿价格达3000元。2017年，住宿游客接近1万人，经济收入1800余万元。三是叫响民宿旅游品牌。与携程、去哪儿等专业旅游网站进行合作，利用与北京世纪唐人旅游公司合作的机遇，成立专门团队推广，召开传统村落保护推介会，举办传统村落保护与乡村旅游发展论坛，吸引国内外知名人士参加。2007年以来，东楮岛先后被确定为国家AAA级旅游景区，入选第三批中国历史文化名村、第一批中央财政支持的"中国传统村落"和第四批"山东省省级文物保护单位"，并获得中国最美古村落等金字招牌，也是国内"乡村记忆工程"首批20个文化遗产保存最丰富的村镇试点之一。

驾舟踏浪，戏逗河豚，海中采摘，池中摸鱼……节假日期间的东楮岛村人声鼎沸，来自五湖四海的游客尽情了解、体验渔家生活。打了半辈子鱼的渔民们怎么也想象不到，再平常不过的渔家生活竟如此受欢迎。通过多元化的精品休闲渔业项目，发展生产、观光、餐饮、住宿、娱乐、购物等综合性产业模式，2018年累计接待游客15万人，实现旅游总收入1200万元，户均增收5万元。

2019年东楮岛入选首批全国乡村旅游重点村名单。

深挖海洋景观优势，发展滨海休闲游新业态

受海草房保护性开发经验的启示，2016年，村集体把发展方向转为滨海休闲旅游，开启了又一次产业转型升级之路。依托丰富的自然资源，东楮岛村党支部因势利导，积极推动海水养殖、休闲渔业、观光旅游等产业融合，以新业态激发乡村振兴新动能，实现海陆联动，优势叠加。一是建设滨海休闲旅游区。对1500米岸堤进行保护性修复，开放4公里的赶海区，建设集海水浴场、海上运动、儿童娱乐等项目于一体的滨海休闲体验区，开发赶海拾贝、沙滩篝火晚会等旅游项目。组织30多户群众成立了渔家乐合作社，规范渔家乐经营和管理。村民中开办渔家乐、海草房民宿旅馆经营的业户达77户，现在在家从事渔家乐，一年轻轻松松就收入3万多元。村民曲比艺说："我们这的海草房，现在都安上了抽水马桶，也能上网，环境好了大家都愿意来。上我们这来看看大海，体验体验渔家风情，去海洋牧场逛一逛。游客越来越多，我这的民宿一年收入也能有五六万块钱。"二是建设海上观光体验区。2017年，东楮岛重点拓展海上休闲旅游，投资1000余万元构建了2000余平方米的半潜式海上观光平台、采摘逗鱼平台，打造从海上到海底的立体式发展格局，进一步开发了环岛观光、趣味逗鱼、休闲采摘、特色海鲜等多个游玩体验项目，形成了集海底观光、海上垂钓、休闲娱乐、旅游接待、餐饮服务、商务会议、海洋文化体验、海洋科研等于一体的独特海洋牧场新型旅游产业带。从空中俯瞰海洋牧场，中央的半潜式多功能海上平台，犹如漂浮在蔚蓝大海中的一把"金钥匙"。游客既可以通过最底层的水下观光平台近距离观看海底生物生长情况，也可以在1600平方米的上部平台采摘、品尝海产品和垂钓，体验耕海牧渔的乐趣。如今的东楮岛海洋牧场是国家级海洋牧场、国家级海钓基地和全国休闲示范基地，也是东楮岛村渔业经济新旧动能转换的创新平台。三是举办品牌渔家文化活动。依托谷雨节渔民祭海等传统渔家文化活动，以及"心系大海·游钓中国"等系列品牌活动，吸引众多外地游客前来体验渔家文化的深厚内涵和底蕴，提升知名度，扩大影响力。在社会各界人士的关心支持下，在东楮岛所有村民共同努力下，东楮岛村正以崭新的产业格局、现代化的发展模式、美丽的村容村貌成为中国最美渔村。

研讨题：

1. 如何坚持因地制宜，深入拓展资源，大力发展经济，实现乡村振兴？

2. 独特的文化是最能吸引人也最持久的元素。如何挖掘本地的独特文化资源？

美丽乡村入画屏

——荣成市留村探索“生态＋文旅”发展之路

孙承亭

【引言】

2013年4月10日，习近平总书记在海南考察时指出：“良好的生态环境是最公平的公共产品，是最普惠的民生福祉。良好生态环境是农村最大优势和宝贵财富。2017年12月28日，习近平总书记在中央农村工作会议讲话中指出：“以绿色发展引领乡村振兴是一场深刻革命。实施乡村振兴战略，一个重要任务就是推行绿色发展方式和生活方式，让生态美起来、环境靓起来，再现山清水秀、天蓝地绿、村美人和的美丽画卷。”

【摘要】

聚焦产业兴旺、生态宜居、乡风文明、治理有效、生活富裕的总要求，荣成市留村紧紧抓住乡村旅游的发展机遇，积极探索经济转型，发挥山水相依的自然优势和历史悠久的文化底蕴，依托“山、海、湖、田、舍”的自然生态禀赋，走出了一条“生态＋文旅”融合发展新路子，先后获得了“CCTV2017年度十佳魅力新农村”“乡村记忆工程示范村”“山东省美丽乡村示范村”“山东省3A级景区化村庄”等荣誉称号。

【关键词】

生态　文化　旅游

荣成市宁津街道留村建于元朝，程氏祖佰通由河南省洛阳徙此定居成村。因此处襟山带水，山清水秀，是一块得天独厚的宝地，始祖盼后裔世代留居此地，故命名为留村。目前留村共300多户、700多人，拥有国家级文物保护单位——元代石墓群和程氏祠堂、古井、海草房等文化遗存，村内民居大部分保存完好。

长期以来，作为一个以传统农业生产为主的典型内陆村落，留村集体经济薄弱，群众收入低，而且由于管理不到位，村里乱搭乱建、乱种乱占现象突出，环境脏乱差随处可见，村庄旧貌亟待改变。2014年新一届村“两委”上任后，充分发挥党组织在乡村振兴中的“领头雁”作用，多次召开党支部会议和村民代表会议，讨论和研究留村新的发展思路，经过集体讨论和调查研究，村“两委”统一了建设社会主义新农村的思想，确立了改善生活环境、发展生态产业、提高群众收入的工作目标，着手谋划美丽山村建设的新工程，决定依托村子美丽的山水资源和丰富的传统历史文化，探索具有内陆村特色的乡村振兴路径，发展生态旅游产业，走一条绿色乡村振兴的新路子。

从整治环境入手，加强基础设施建设

改变村传统落后面貌，首先从环境建设抓起。村“两委”经过多方努力，争取上级新农村建设专项支持资金、帮扶单位和其他社会部门赞助财物共计300多万元，用于环境综合整治。万事开头难，改变老百姓长期形成的生活习惯和生活格局，并非是有了钱就能轻易解决的事。面对来自群众的压力，村“两委”成员挨家挨户做动员工作，说明环境整治的重要意义，并积极组织党员、村民代表到镇内环境优美的典型村学习。同时，留村为了有效推动环境整治的进程，着重建立了两项制度。第一个就是例会督导制度，留村建立了每周例会督导机制，参会人员有村“两委”成员、网格长、老党员、老干部。通过例会制度，有效推动了村内各项工作做实做细，村干部的工作效率也大大提升。第二个就是小微权力清单制度。留村将权力清单、办事流程、村干部的分工及联系方式、年度工作规划等，张贴在公开栏，让老百姓一目了然。在整个环境整治及后期的村居改造、文旅项目建设中，所有流程都公开透明，由老百姓参与监督。经过大量详细认真的工作，2015年村里及周边私搭乱建、乱堆乱放的全面清理工作得以全面完成。2016年，拆除了240户的草厦子，对村民花墙进行修砌改造，硬化交通主路1万多平方米，主路旁边栽种玫瑰、皂角等景观植物，配套设置了各类娱乐和锻炼设施。2017年，对村巷道进行仿古铺石改造，将海草房核心保护区原有水泥路面改造成石头路，新铺石板路2500平方米，使村内巷道风格整齐统一。2018年，投资50多万元对东、西两条主河道进行整治、美化，共清理疏通2200余米河段的杂草淤泥，河道两侧栽种刚竹、草坪，安装景观石、石凳石桌等，将整个古村借助东西河道、栈道及石头路，串联起来，营造出“小桥流水人家”的独特韵味。投资25万元对村边池塘进行清淤扩容、护坡修砌，依托水湖资源，打造水上游乐旅游项目，塘内栽植荷花，投放鱼苗，设置栈桥、凉亭、大黄鸭等，让游客赏花的同时，还可以进行垂钓、划船等，彻底改变原来脏乱差面貌。投资20多万元，选择适宜北方生长的近十个竹类品种，打造竹子植物园。经过几年的努力，整个村庄面貌焕然一新，成为环境综合整治的样板单位。

引进资本，市场运作，科学规划，有序开发

村环境的彻底改善，吸引了客商前来观光考察。其中北京金潮文化旅游公司和荣成市德信红旅游公司对留村产生了浓厚的兴趣。村党支部抓住机会，积极与这两家公司沟通对接，经过双方的多次协商，2018年村委会先后与北京金潮文化旅游公司和荣成市德信红旅游公司达成了合作开发的协议，组建了文化旅游发展公司，整合本村旅游资源，进行生态旅游开发。同时，邀请威海市建筑设计院、杭州建筑设计院和山东省乡村振兴服务队到留村实地考察，开展项目设计，在融入全市全域旅游大盘子的前提下，高起点谋划乡村旅游发展思路，确定了建设留村古村落传统文化景区的目标，将留村打造为集吃、住、游、学、购为一体的高端研学产业新地标。

2019年，德信红公司投资1000多万元的农事体验、研学教育基地项目开始动工。德信红公司建设了占地面积2000平方米的游客接待中心，现已完成主体建设，项目建设完成后可同时容纳200多名游客。打造德信红留村观光农业产业园，园区占地1500亩，共划分为三大板块：A板块为500亩的维纳斯黄金苹果生产园；B板块为600亩的花园式观光采摘旅游园，种植多品种的桃、蓝莓、草莓等水果；C板块为400亩的绿化景观园，主要种植药食两用皂角，套种文冠果、玫瑰、连翘、荷花等绿化苗木。通过建设游客中心和培训基地两处新地标，利用果园、花海，组织开展农事体验活动，彻底改变留村以前没有“过夜客”的情况，真正实现“吃喝玩乐学”一条龙服务。

2020 年，北京金潮旅游开发公司启动了对村庄的整体投资开发工作。在保持留村原生态、古村落面貌的基础上，依托留村历史资源禀赋，以发展高效生态现代农业和绿色美丽经济为重点，以构建高效优质现代农业产业园区为目标，投资 4500 万元建设集康养、研学、拓展、休闲体验于一体的多业态高端研学产业基地，建设内容主要包括建筑面积 3000 平方米标准化游客接待中心一处，占地 2000 平方米高端研学接待中心一处，1500 亩的猕猴桃、苹果、草莓等休闲采摘基地一处。团队研学拓展日接待能力达到 300 人，采摘基地于 2021 年 12 月全面对外开放，年接待人数 1 万人次，年收入 180 万元，带动村集体年增收 10 万元，村民人均年增收 800 元。

结合民居文化，在保护修缮的基础上，留村利用闲置海草房进行以民宿为内容的旅游商业开发，打造“十里古乡”传统民宿板块。2017 年起，在文物管理部门 80 万元专项扶持资金的支持下，留村先后与专业设计师以及威海海洋职业学院、德信红旅游公司合作，本着“修旧如旧”的原则，外观传承历史，内在展示时代，以竹、木为设计元素，凸显地域、民族文化特色，并按照现代生活方式对部分海草房进行装修，铺设木质地板，安装地暖、空调、Wi-Fi，发展“室外五百年，室内五星级”的现代民宿产业。目前已打造完成既明居、清芷居等 7 家特色民宿，涵盖学、游、吃、住等旅游要素，集中展现了片区“古风古韵古村落，古宅古巷古人家”的形象，形成了住百年海草房、游山脚古村的旅游线路。同时，利用互联网平台，依托微信公众号、去哪儿网、携程网等平台进行全力推介，海草房年接待自驾游、团队游客 3000 多人次，形成全域旅游的发展新格局。

加强保护传承，打造民俗文化高地

按照习近平总书记提出的“不忘本来才能开辟未来，善于继承才能更好创新”，留村启动“乡村记忆工程”，对传统民居院落、古祠堂、传统服饰等物质文化遗产和生产、生活、民俗等非物质文化遗产进行挖掘、保护与传承。

挖掘历史文化。程氏祠堂作为留村悠久历史的见证，修建于清朝嘉庆年间，每逢春节，留村便升族谱摆供案，祭祀列祖列宗，燃放鞭炮，表演杂耍。2016年，留村争取文物修复专项资金50万元，根据史料考证和族内老者忆述，重修程氏祠堂。祠堂内悬挂程氏先人画像，详细记载留村程氏起名的32个辈字和198字的程氏家训。留村西边，有一处元代古墓群，是留村历史最直接、最有力的见证者。这里13亩的土地上有石坟48座，目前仅有7座保存较为完好。古石墓用花岗石建造，经过600多年的风雨侵蚀，墓表石层呈青灰色。这处石墓群是我国唯一一处历史悠久且地表封石依然完整的元代石墓群，2013年被确定为全国重点文物保护单位。2016年荣成市文物部门拨发修复专项资金180万元，留村完成了石墓仿古复原工作，并完成了展厅、人行道、大型停车场等附属设施建设，成为胶东半岛唯一的元代石墓文保单位。

弘扬民居文化。留村拥有胶东典型的海草房民居140余间，这种“海草房”以石为墙，用海水里生长的植物海带草作为材料铺缮屋顶，冬暖夏凉，百年不腐，是胶东一带颇具特色的民居建筑，目前海草房的制作技艺被评为山东省省级非物质文化遗产，具有很强的地方特色和历史文化艺术价值。2020年争取山东省乡村振兴服务队专项资金500万元，结合传统村落保护，留村对14户59间闲置民房进行保护性开发，尽可能保留文化的原真性，绝不破坏村落原有的街巷机理，建设了集中体现胶东海草房特点的“留园”。同时充分挖掘本村传统根雕技艺、特色盆景培育、民间绘画技艺等本村特色文化资源，以留园为平台，全方位展示根雕、盆景、绘画制作的过程及成果，同时配以古琴、古筝、茶艺等传统才艺现场表演，设立采耳、推背等休闲体验，与元代石墓群、程式宗祠、古巷、古宅、古树遥相呼应，全面展现留村古村落深厚的人文底蕴，让研学者在学习的同时领略留村传统古村落风采，种下千年古村的历史文化“烙印”。

创新餐饮文化。本着“引进来”与“走出去”相结合的原则，做好本地胶东特色美食的同时，引进不同地域的特色美食，打造德信红美食馆。其中，特色烤全羊、黄泥叫花鸡、大锅鱼饼等成为最受游客欢迎的美食。同时，组织开展“德信红杯”包饺子、花饽饽大赛等活动，成立多个“德信红留村美食微信群”，加大宣传力度，吸引游客千余人。

打造展馆文化。打造了具有地方特色的历史文化展馆和德信红汉服馆。历史文化展馆内集中展示了花饽饽、草编竹篮、草编锅盖等民俗文化产品。特别是花饽饽的制作技艺，从“发面”到“揉面”到“成型”，更是吸引无数游客参与。德信红汉服馆以传统汉服为展示载体，涵盖衣、袖、裙、裤、袍等多种制式展品，让传统服饰之美回归当代大众视野。为强化宣传效果，留村组建了12人的汉服展示团队，邀请专家进行礼仪培训，为游客提供汉服定制、汉服租赁、汉服文化讲解与体验等个性化服务。

策划表演赛事文化。为了更好地展示区域文化，留村广泛组织开展多种文化活动，全方位策划表演和赛事。2020年国庆节期间，举办“十里古乡美食文化节”，邀请知名非遗专家进行现场指导，对非遗美食进行全面筛选，重点推出鲅鱼水饺、回水咸鱼干、大花饽饽等传统非遗美食，吸引游客3万余人。结合农民丰收节、渔民节等具有地域特色的丰富多彩的活动，2020年共筹划和举办了剪纸大赛、花饽饽展、民俗文化产品展、胶东大秧歌、渔家锣鼓、柳编大赛、村民运动会等充满地方民俗特色和传统文化气息的各类旅游表演活动和赛事60余场次。同时留村相关文化产品还参与荣成市文化和旅游部门组织的荣成国际马拉松民俗文化展示等活动，为乡村旅游融入了大量当地的文化特色，既体现了时尚元素，又吸引了大量游客，极大地丰富了旅游业态。

提升科技含量，建设智慧景区

加大人才培训力度。邀请社会知名专家学者，前来指导，对留村旅游服务人员进行岗前培训，2020年培训100人次。岗前培训强化了本村旅游工作者对旅游管理的知识储备、关联产业的管理知识与经验，增强了旅游公共服务能力，提高了旅游公共服务水平。

配备高科技设施。2020年在村内的核心景点处增设游客服务中心1处、旅游厕所1处，投资60万元在村东建设拥有100个停车位的停车场1处，配备共享单车近20辆，当年留村通过了山东省3A级景区化村庄创建。2021年，在村主要路口安装摄像头，对游客流量进行监测，并纳入威海市文化和旅游重点区域监测平台。元代古墓群等旅游景点通过大众点评等 App 提供信息发布、导航引导、评价问答等服务。一系列高科技设施的配备进一步增强了乡村旅游视觉场景效果，提高了游客便利化程度，实现了从“美丽乡村”到“无围墙景区”的嬗变。自 2020 年以来，实现旅游收入 165 万余元，累计接待游客 35 万余人次，并带动农民就地就业 80 余人。

尾　声

随着全域旅游、大众旅游时代到来，“留村”已成为我市一个重要乡村旅游品牌。为进一步做大做强，目前，留村将自身的发展积极融入荣成市全域旅游发展总体规划当中去，依托石岛渔家风情精品文旅小镇和 1 万多亩的土地山峦，整合各类自然和历史人文资源，与周边省级传统村落东墩、渠隔、东苏家等组团建设、连片规划，形成资源互补、整体营销的发展模式，共同打造宁津“十里古乡”美丽乡村片区。

研讨题：

1. 留村的主要发展特色是什么？

2. 留村的做法对乡村振兴有什么启示？

组织振兴

后进村是如何实现华丽转身的?

——荣成市东岛刘家村乡村振兴的创新探索

江鹏伟

【引言】

2018年4月28日，习近平总书记在湖北考察时强调：“乡村振兴不是坐享其成，等不来、也送不来，要靠广大农民奋斗。村党支部要成为帮助农民致富、维护农村稳定、推进乡村振兴的坚强战斗堡垒。”

【摘要】

荣成市东岛刘家村是一个典型的内陆村，长期以来，产业发展滞后，集体经济薄弱，农村环境脏乱差，村风民风日渐下行。村“两委”面临着巨大的治理困境。

为了提升村级治理水平，推动村民脱贫致富，东岛刘家村村“两委”改进治理思路，创新治理方式方法，运用征信系统和志愿服务两大抓手，通过支部引领、党员带动、群众参与，创新产业经营方式，成功地创造了村级治理的“东岛模式”。如今的东岛刘家村生态宜居、乡风文明、产业兴旺，是十里八乡令人艳羡的先进村，实现了由原来的后进村到典型示范村的华丽转身。

【关键词】

东岛刘家村　信用　志愿服务　乡村振兴

东岛刘家村位于王连街道东北端，东、北、南三面临龙山湖，西与东慕家村、西慕家村交界。全村386户、956人，其中党员35人，村民代表30人，土地1800亩，山峦1400亩。全村聚落呈长方形，地处半岛丘陵，地势西高东低，三面环湖，一面依山，适宜农作物生长。因20世纪70年代建坝拦水，东岛刘家村由原来的靠海村变成了临湖村，因此改革开放后荣成发达的海洋经济给这个村庄带来的影响微乎其微。2014年之前，除了微薄的机动地租金收入外，村里再无任何的集体收入，一切支出主要靠上级财政拨款。正所谓穷家难当，与其他经济薄弱村类似，东岛刘家村村“两委”也面临着“老办法不能用、新办法不管用、硬办法不敢用”的农村治理困境。

东岛刘家村村“两委”面临的治理难题由来已久。王连街道位于荣成南部，属于石岛管理区内陆区域，东岛刘家村是其31个行政村之一。改革开放的春风推动了中国经济的腾飞，在经济大潮的冲击下，村里很多党员、群众一心一意搞经济，对公共事务漫不经心。久而久之，积攒的问题越来越多，村庄治理越来越复杂。

脏乱的环境是令村“两委”头疼的问题之一。东岛刘家村与其他发展滞后的农村一样，破败、落后。村路巷道坑洼不平，年久失修、濒临倒塌的破旧房屋随处可见，下雨天泥泞的小路直接“插不进脚”。每逢大雪天气，村内主干路的雪一直要等到自然融化，年岁大的老年人根本不敢轻易出门，而土路在雪水融化后更是泥泞不堪，“自扫门前雪”似乎成为雪后东岛刘家村最真实的写照。荣成市实行城乡环卫一体化后，村内环境靠4名保洁员维持，大部分村民不理解甚至不支持城乡环卫一体化，对门前杂物视而不见，房前屋后遍布土堆、粪堆、草堆及垃圾堆，一到夏天臭味难闻，苍蝇乱飞，随手乱扔垃圾更是常态。脏乱差的农村环境不仅让本村人住得不舒服，也吸引不来城里人，村庄发展定格在20世纪八九十年代。

民心涣散给农村治理带来了极大的挑战。因为地理区位，东岛刘家村经济发展相对落后，村风民情比较糟糕。王连街道人大工委主任马军峰刚到街道工作时，没少听人说“打架斗殴，找东岛刘家村，十有八九没错”。曾经的东岛刘家村民风淳朴，村民之间的联系交往密切，人情味也非常足，经常是东家有难西家帮，夜不闭户。进入市场经济社会后，原本淳朴敦厚的村风、邻里互助的民风悄然发生了改变。2016年前，在东岛刘家村每年的“慈心一日捐”活动中，只有为数不多的村民响应，并且金额极少，最后只能村委拿出部分集体资金来凑数，平时遇有村民患大病，也很少有村民主动捐款。村里每年在出工支出上为五六万元，虽然贫困，但很多村民并不情愿出工，认为谁出工出多了就是在出风头，这就造成了一方面是村委花钱找人出工难，另一方面是村民难挣钱却不愿出工两方面的矛盾。

经济薄弱、产业发展滞后是制约乡村振兴的痛点所在。东岛刘家村 2013 年以前有耕地 1680 亩，其中 1600 亩耕地由村民承包经营，集体仅有 80 亩左右机动地。集体经济收入主要来源于村民租机动地的租金，年收入为 7000 元左右，除此之外，再无任何集体收入来源。改革开放以后，东岛刘家村青壮年劳动力不断外迁务工。2013 年以前，整个村子土地撂荒严重、农业产业发展停滞不前。

人口老化是村“两委”需要面对的日益严峻的现实问题。东岛刘家村共 956 人，其中 70 周岁以上老人 175 人。“出门一孤影，进门一盏灯”，是老年人日常生活的真实写照。老人尤其是病残孤寡老人日常生活问题成为农村治理绕不过去的难题。

2007 年，时年 37 岁的刘俊军被选为村委会主任，2011 年当选为村支书。接任村委会主任之前，刘俊军是当地小有名气的个体户，自家有建筑队，通过承揽大小工程，积累了殷实的家底，是村里为数不多的拥有小轿车的村民之一。

在谈到为什么要在不惑之年接手村里的烂摊子时，刘俊军讲到，这是自己从小到大生活的地方，邻里街坊都非常熟悉，所以看到村里脏乱差的环境、很多被草垛堵得走不通的村路、日益下行的民风，尤其是在得知乡亲们遇有农忙时要花大价钱租赁农机时，心里很不是滋味，萌生了要带领乡亲过好日子的念头。走马上任之初，刘俊军心里也打鼓，“老百姓会不会支持我的工作”，对这个问题翻来覆去地想了很多遍，“实话实说，心里真没底”。村里的问题复杂又烦琐，“三大堆”表面看只是不合理的储藏堆积问题，背后却牵扯着集体利益与个人利益、村民习惯、邻里关系等一系列事情。有的村民常年不缴纳集体欠款，多任书记无计可施；有些党员干部不仅先锋意识不强，很多方面还落后于普通群众……

带着忐忑不安、带着雄心壮志，刘俊军一遍遍地想着工作如何开局，如何解决眼下的这些问题，怎么做才能带领百姓过上好日子，他和东岛刘家村的村“两委”成员们苦苦思索着解决之道。

农村工作千头万绪，刘俊军当选村支书后，首先从整治环境入手。东岛刘家村有很多村民养猪，猪圈常常超过指定范围而占用村路，这给村里交通带来了极大的不便，刘俊军下定决心要一改到底。就这样通过定期整改否则罚款的方式，三任村支书没有解决掉的猪圈占道问题，刘俊军解决了。但在解决的过程中，刘俊军发现罚款的方式管用但是不近人情，也难以使村民口服心服。有没有更好的方式来解决类似的问题？刘俊军在日常工作中时常琢磨这件事。

村里环境有所改善后，刘俊军目光转向了党支部。首先按照上级标准狠抓班子建设，建立健全了“三会一课”、民主评议党员、组织生活会等党内基本组织制度；完善了村务、财务公开制度，制定了村务公开日，让村民监督办好集体事等。凡是上级对村级党支部提出的要求，刘俊军都以一种高标准、高质量的态度去完成，昔日软弱涣散的党支部逐渐重拾从严从实的优良作风，党员的精神面貌也日渐好转。

经过初步整顿，党员重拾身份认同，党组织的凝聚力也有所提升。但离建设一个能够引领发展、强有力的支部目标还存在不小的差距。如何促使党支部的力量提档升级，更好地发挥党组织在村级各项工作中的引领作用？苦思冥想之际，刘俊军了解到街道正在主推信用体系建设。抱着试试看的想法，刘俊军来到了街道咨询相关政策。在答疑解惑的过程中，刘俊军发现，街道根据基层工作实际创新提出的红色征信更适合村级党员管理。“2018 年 7 月 16 日，他来找的我。为什么日子记得这么清楚，因为这是一个转折点。”街道人大工委主任马军峰说。在街道所辖的所有村居中，刘俊军是第一个认识到征信重要性的村支书，也是第一个把征信作为管理工具而纳入实际工作中的村干部，成了王连街道第一个吃螃蟹的村支书，东岛刘家村也成了“征信+党员——红色征信”管理模式的试点村。

“红色征信管理”要求每名党员既要参加村居群众征信，又要参加党员个人征信，并且对党员实行“高点”扣分、“平等”加分政策。“例如，失信行为当中的诽谤攻击组织，普通群众失信扣5分，党员要扣10分。守信行为当中捐资助学500元以下的党员和普通群众都加10分。”王连街道相关负责人表示。“红色征信管理”应用以来，在党员管理中取得了重要成果，在村里的各项工作中，党员干部都能做到冲锋在前，形成了强有力的带头作用。

为了更科学合理地用好这一党员管理工具，2018年街道又整合各类考核激励办法，推出了更加细致合理的考核标准，即“红色征信＋双星考核”新模式。双星即“市级星”和“村级星”。市级星为大红星，基础星为四颗星，最低一颗星，最高五颗星；村级星分为小红星和黑星。为解决市级星分值只要在1001分及以上的都为五星级，在599分以下的都为一星级，区分度不明显的问题，《双星考核办法》规定村级信用分每得征信5分奖励一颗村级红星，每扣5分得一颗黑星，数量上不封顶，下不保底。

双星考核在2019年东岛刘家村的“四清”工作中发挥了巨大作用，规定“凡是主动报名拆除鸡窝、猪圈等乱搭乱建的党员奖励一颗村级小红星，凡是应拆而拒拆的党员增加两颗黑星”，在双星考核的激励下，一天之内所有党员、群众主动报名拆除房前屋后乱搭乱建，同时对应拆而未拆的党员下发失信提示书。通过督促党员带头，并带动群众，东岛刘家村13天之内拆除草厦、车库、鸡窝、猪窝等700多个，高效保质地完成了任务。

实行双星考核以来，大部分党员都登上了红星榜，但也有部分党员因积极性不高或认识不到位得到了黑星。村里有位党员平时疏于参与志愿服务，一年下来只能加1分，平时又因为违反了村规民约，被扣了5分，这样一来年底结算，得分为–4分。为了拉动这样后进党员的积极性，村委创造各种服务机会让其弥补丢失掉的分数，等到来年很多后进党员的分数不仅上来了而且都登上了红星榜。“扣分不是目的，目的是让所有党员都发挥出先锋模范作用。”刘俊军说道。如今这套党员管理体系，为东岛刘家村党支部强筋健骨提供了重要方法，一支有干劲、有担当、作风硬的党员队伍已经形成。

红色征信主要适用于村里党员管理，除此之外，刘俊军还将征信考核系统推向了普通村民。

东岛刘家村是荣成市最早制定信用管理办法的村庄之一，这套适用于普通村民的考核办法于 2018 年 8 月份正式推出。

征信系统中的志愿服务、邻里互助、移风易俗等文明实践活动，被细化为 200 多项信息采集事项。东岛刘家村规定参加志愿服务 4 个小时，个人信用奖 1 分，在 1000 分基础信用分上，达到 1005 分的才可享受“信用奖励”。信用分直接与村民福利相挂钩，多劳多奖、少劳少奖、不劳不奖，改变了以往“吃大锅饭”的做法。如今，东岛刘家村大喇叭一召唤，很多村民便积极响应。村里发展旅游业要修路，村民们自发地扛着铁锨、镢头就修好了，一下子为村里节省了 5 万元的机械费用；村里集体农田需要锄草，党员村民们一天最多有近 270 人参与进来；农村有很多年久失修的房屋，既危险又影响村容，村“两委”通过与村民签协议的方式拆除了 60 幢危房，拆后的石头用于砌水沟 5000 多米，2018 年仅这一项就为村集体节省 20 多万元，而积极响应拆迁的村民们也获得了信用加分。

“我们取消了村民福利，改为‘信用奖励’，就是鼓励村民参与到集体活动中来。村里成立了 15 万元文明实践信用基金，只有达到一定的分值，才能得到相应的奖励。”刘俊军说。

东岛刘家村实行的征信管理，撬动了村里志愿服务队的发展壮大。

东岛刘家村结合村居实际，制定《东岛刘家村志愿服务协会章程》，按照群众需求，先后组建了红先锋、巧工匠、美厨娘等 14 支专业化志愿服务分队。原来村里百姓的自来水管坏了，需要到街道上花钱找专人修理，如今只要信用分数达标，利民服务社的志愿者们就会主动上门解决问题；老人们原来需要走上 10 里路到街道驻地上理发，现在在家门口便能满足需求；小学生们课业之余也被组织进“文曲星”志愿服务队，平时主要学习志愿者之歌，或者由妇女主任带领着沿街捡烟头、拔草、帮助孤寡老人收拾卫生等。

在抗击新冠肺炎疫情中，东岛刘家村的志愿服务队发挥了重要作用。为响应居家隔离的政策，很多村民足不出户，生活需求的满足主要交由“跑个腿”志愿服务队，从取快递到购买生活必需品，志愿者们有求必应。由党员和村民代表组成的“红先锋”志愿服务队和由退伍老兵组成的“橄榄情”志愿服务队主要负责村里公共场所及村民家中病毒的消杀，而其他志愿服务队的成员们则轮流到卡点站岗。其中“跑个腿”志愿服务队因为行动高效、作用显著而被街道作为典型来推广。

如今，在志愿精神的感召下，东岛刘家村200多名志愿者长期活跃在不同的工作岗位。村里除去年迈的老人和孩子，以及不住在村里的，年龄在50—70岁的村民绝大多数都是志愿者，这已经成为东岛刘家村一道靓丽的风景。“参加志愿活动的村民越来越多，好人好事也越来越多了。”街道领导马军峰这样总结征信开展以来村民的转变，“以前，10%的人做好事，90%的人会指指点点地说他们瞎嘚瑟；现在村里有超过90%的人做好事了，剩下不到10%的人会被指责为‘各路精神’。”

最让村里干部和百姓感慨的是环境整治大会战中村民们的表现。结合着美丽乡村建设，2018年底东岛刘家村启动了环境整治大会战。资金、人员从哪来？村里所有的工程项目，都是群众以志愿服务形式参与完成的。一年来，村里组织修山道、修沟渠、清洁家园等大规模志愿服务活动30多场次，其中一天最多有263名群众志愿者参与，年少者不到10岁，年长者已近八旬，群众都说“当年胶东革命老区踊跃支前那股精气神又回来了”。

将村居组织纳入信用管理是荣成社会信用体系建设的重要内容之一，很多村都将征信管理纳入了乡村治理的范畴之中，为什么东岛刘家村取得了显著的效果，而有的村落就收效甚微？马军峰讲：“除了跟村支书的重视程度有关外，还有一个很大的原因是政策发展的‘低级别’与‘高级别’。”这里讲的政策发展的“低级别”与“高级别”主要指村支书们对政策创造性应用的程度。很多村都采用了征信管理，但只是停留在“信用+工作”这个层面上，更多的是利用征信分数推动老百姓做志愿服务，例如环境整治、道路整修、慈善捐款、欠款清理、垃圾分类等，是从为集体省钱这个角度来考虑。东岛刘家村起初也是从“信用+工作”入手，但是当百姓们的热情被调动起来后，村里原本用于出工的支出被节省了下来，村里的集体财产逐渐有了结余，这时信用产生的效益开始反哺百姓，村“两委”竭尽全力去为村民搞服务，利民服务社等“信用+服务”项目应运而生。免费理发、缝纫、修理，让群众不出村就能享受到便捷的服务，大大提高了群众的获得感、幸福感，信用的作用更加显著。

集体经济的发展壮大是村民幸福和谐的基石，也是刘俊军不断探索解决的重要问题。东岛刘家村发展产业的方法是土地流转，而实现土地流转的关键在于村党组织领办合作社。

作为一个成功的个体经营者，刘俊军敏锐地发现了破解东岛刘家村缺乏特色规模化种植农业难题的好路子。“村里土地资源不多，特色农业种植也没有特别的优势，但依靠周边八河港水库沿岸山水秀美风光，在成片土地流转后发展旅游业可以破解难题。”在街道党工委、办事处的大力引荐下，经过与村“两委”成员日夜探讨，东岛刘家村充分发挥村内土地资源多样性的优势，依托烽火台、养马沟、练兵场等历史文化资源，探索出一条“山水风光＋民俗文化”的旅游发展之路。如何流转？东岛刘家村萌生了村党组织领办合作社的想法。当时，两家企业到东岛刘家村调研发现，该村土地资源优势明显，支部过硬，通过信用管理村庄干净整洁，民风淳朴，干群关系和谐，适合投资发展。

东岛刘家村党组织领办的合作社成立于 2019 年 12 月。合作社在党支部领导下，通过引进两家大企业，组织群众成片流转土地 2000 多亩，重点打造花田林海观光基地、普罗旺斯薰衣草庄园和“岛上人家”民宿康养部落等三大文旅产业项目，走出了一条“支部有作为、群众得实惠、集体有收益”三方共赢的新路子。

合作社成立之初，村民都怕担风险，不敢尝试。面对村民“合作社不就是大锅饭”的疑问，村党支部一个月内连续组织召开 8 次党员村民代表大会给村民讲课，支部党员走家串户动员，为村民面对面讲解村党组织领办合作社的优势、成功案例。

现在走进八河港水库西岸，一边是长 7.8 公里的依水岸而建的环湖路，一边是水库沿岸一行行依丘陵而平整的花田。“我们还在水库周边山地上种植水蜜桃、葡萄和樱花等，让市民既可体验水上游乐又可享受田园采摘的乐趣。”刘俊军介绍道。东岛刘家村结合自身地理环境优势，利用旅游度假区辐射效应规划打造的休闲娱乐、水果采摘等为一体的采摘休闲园也在积极规划建设中。

满足度假功能，是度假乡居模式的重要特征，也是乡村旅游升级的重要表现。东岛刘家村积极配合双利集团，利用村内海草房等特色民居，以建筑材质乡土化、旅游体验乡土化、度假氛围乡土化为目标，在水库西面沿岸打造23户特色民宿，在重装修后对外开放吸引休闲度假区游客。改造过程遵循“外旧内新、外朴内质”的设计思路，最大限度保留乡村原有的生活状态和生活气息，尽力呈现传统民居形态，营造浓郁的乡味建筑。度假区正式营业后预计每年为村集体增加50万元的收入，同时带动农产品销售、农家乐产业发展。

东岛刘家村通过重信用、强志愿服务、促产业的方式一改昔日落后破败的村容村貌，正变成令人艳羡的幸福和谐家园。

看着东岛刘家村发展越来越好，邻村村民坐不住了。几名村民找到村党支部书记：“咱们村什么时候收拾卫生？别的村都在弄，还有信用分。”

“村里刚开始实行‘信用+志愿服务’的时候，5天时间，环境发生了彻底改变。”邻村村支书说，“开会的时候跟村民说跟东岛刘家还有差距，几个妇女不服气还专门坐车去了人家村，比一比看看到底好在哪儿。”

如今走在东岛刘家村，昔日的破烂不堪早已一去不复返，取而代之的是房前屋后鸟语花香的精致环境。曾经坍塌的房屋变成了美丽的花园，曾经泥泞的土路变成干净整洁的硬化路，墙面经过粉刷风格各异，宣传画衬托得乡村更加古朴典雅，村里绿树葱茏，水塘清澈，垃圾入房、入户收集。整个村庄发生了翻天覆地的变化，村容村貌焕然一新。每天晚上，村里散步、健身、休闲、跳广场舞的村民也多了，即使身在农村，也可以享受到城市的生活，村里一片其乐融融的景象。如今的东岛刘家村正成为生态宜居之村。

考虑到村里老年人较多，而子女们很多又外出工作，所导致的上年纪老人的饮食等日间照料的问题，东岛刘家村在2018年11月26日试建“暖心食堂”，成为十里八乡第一个以实际行动为老年人谋福利的村。想法一经提出，便得到了社会各界及村民的大力支持和积极响应。本村村民拿来了自家产的蔬菜鸡蛋，银海水产、盛泰机械等当地不少爱心企业也送来了鲜鱼猪肉、米面油等。东岛刘家村的村民们将孝老爱亲的口号变成了实际行动，以实实在在的举动提高了农村老年群体的幸福指数。

在信用等级结果应用的激励下，往常精于谋划自我发展而疏于发挥带头作用的干部们，积极参与村务治理，各项工作都走在前头，实现了“要我管”到“我要管”的转变。以往找人出工都困难的东岛刘家村，现在最多一天达到300多人参加志愿服务。村民们实现了由“要我干”向“我要干”的转变。过去的“慈心一日捐”是令村“两委”头疼的事情之一，村民们极低的捐款意愿，意味着每年都要动用本就不多的集体资金。而现在，在村“两委”干部的带动下，在信用机制的感召下，2018年10月的“慈心一日捐”共收到捐款21890元，同比增长38%。同年11月380多名群众为两名患大病的村民捐款42000多元，互帮互助的向心力不断积聚，现在村里家家户户有啥困难也不用愁，互帮互助成了彼此的默契，村民们实现了由“要我帮”向“我要帮”的转变。过去每逢大雪天气，“自扫门前雪”是雪后东岛刘家村最真实的写照，现在下雪只要通过志愿者的微信群和村里的大喇叭招呼一声，往往就有上百名群众参与扫雪，村内大小十几条巷道很快便被清扫得一干二净。村民们实现了由“自扫门前雪”向“众人拾柴火焰高”的转变。如今的东岛刘家村正成为乡风文明之村。

土地流转为东岛刘家村百姓带来了看得见、摸得着的实惠。据统计，东岛刘家村2020年党支部领办合作社，实现2020年集体经济收入近100万元。村里规定，只要信用分达到1005分，便可享受免收闭路电视费，免费收种小麦、玉米和耕地、旋地，收种花生半价等待遇。除每年每亩500元的流转收入和征信奖励外，村民们还可以直接在家门口从事休闲度假区所提供的各种工作，既当主人又当工人。经过前期稳妥运作，预计东岛刘家村旅游度假区建成后，可为全村村民提供近200个就业岗位，村民在土地流转后的纯收入远高于此前的各家耕种收入。如今的东岛刘家村正成为产业兴旺之村。

依靠卓有成效的治理模式，近年来，东岛刘家村不仅由内而外焕然一新，而且各项荣誉也纷至沓来，先后获得农村环境整治先进村、荣成市市级文明村、美丽乡村建设先进村居、荣成市诚信示范村居、新时代文明实践志愿服务优秀村、先进基层党组织、山东省省级文明村等称号。在东岛刘家村村委的带领下，全村人民正朝着“环境美、产业美、精神美、生态美”的目标奋勇前行。

尾 声

暖心食堂更暖人心。“今年我们为暖心食堂购置了一台消毒柜。”提到暖心食堂，村里刘会计兴奋地讲道。以前老人们吃完饭后，餐具要自己清理，有很多腿脚不灵活的老人餐盘总是留有食物残渣，极不卫生。为使老人吃饱吃好，今年东岛刘家村为暖心食堂购置了一台消毒柜，并更换了老人们的餐具。现在所有的餐具上都刻有老人的名字，专盘专用，而且吃饱走人即可，无需清理，剩下所有的工作都交由志愿者打理，最大限度地做好为老年人的服务工作。

产业布局越来越广。“2007 年刚当村委会主任的时候，我的目标是努力抓经济，赤脚追南桥头村。2019 年 12 月 10 日在村支书交流会上，我讲我现在的新目标是旧房改造。”在交谈中，刘俊军兴奋地回忆起自己所许下的承诺。

现在东岛刘家村积极搭乘互联网快车，所种的山苜楂、桑枣、金银花等，先采用现代技术进行初步加工，然后依托互联网进行网上销售，2019 年仅一亩地就卖出了 5700 元。“这对于村里百姓来说是个很大的激励。”刘俊军讲道。为拉动百姓共同致富，从 2020 年起始，村里便主动与青岛新华锦养老机构接洽，将富有胶东特色的大饽饽推广出去，“式样已经送出去了，现在饽饽主要分为儿童、中青年、老年系列，如果可以，下一步将发动村里的妇女一起蒸饽饽，到时候我们的日子真的就是‘蒸蒸日上’啦！”

随着东岛刘家村村级治理效能的不断提升，百姓的生活日新月异，昔日的后进村已经实现了华丽转身，正迎来新的发展前景。带领百姓共同致富、好上加好，是村“两委”的目标，我们期待早日实现。

研讨题：

1. 作为典型的内陆村，东岛刘家村村“两委”面临的村级治理困境是什么？

2. 什么是“信用 + 志愿服务”？这个方法在村级治理中发挥的作用有哪些？各地在村级治理中，能否借鉴或者深化这个方法？

3. 后进村领导干部在资源禀赋并不突出的情况下，如何带领群众实现了乡村振兴？

组织重塑破解“物质+精神”的双重贫困

——荣成市夏庄镇甲夼马家村党组织引领乡村振兴的实践之路

张坚栋

【引言】

2012年12月，习近平总书记在河北省阜平县考察时指出：“农村要发展，农民要致富，关键看支部。”激活乡村振兴的内生动力，农民是实践主体，也是动力来源。农民的凝聚力强不强，关键看基层党组织的作用能否有效发挥。实现乡村善治，需要强化农村基层党组织堡垒作用，深化村民自治实践，提高村规民约认同度，激活乡村的自我净化和自我纠错能力，推动大家心往一处想、智往一处谋、劲往一处使。

【摘要】

荣成市夏庄镇甲夼马家村曾经是夏庄镇出了名的“落脚村”，村“两委”班子软弱，干群关系紧张、矛盾尖锐，村民因为各种矛盾经常出现到威海、荣成集体上访的情况，最多时上访群众达100多人。村集体经济薄弱，村委正常开支都无法维持，村貌脏乱，民风不正，乡规民约成了摆设。甲夼马家村一时陷入“物质+精神”的双重贫困之中。2018年，已离开村庄多年的老书记马永泉回村担任该村的村党支部书记，他带领党员干部，坚定地进行村级“两委”的组织重塑，通过党建引领、信用赋能、网格化管理、新时代文明实践等活动，开启了这个落后村的乡村振兴之路。

【关键词】

甲夼马家村　组织重塑　乡村振兴

甲夼马家村是荣成市夏庄镇的一个小村，现有村民201户、483人，村“两委”5人，党员28人，拥有耕地1700亩，林地39亩。回顾历史，甲夼马家村是一个具有红色基因的模范村庄，抗战年代，先后有17位烈士为国献身，在人民公社时期该村的生产一直名列前茅，大集体年代八项指标全社考核第一，甲夼马家村的落后只是近七八年的事情。

班子“软、散、弱”，村子“怨、欠、乱”

2017年前，甲夼马家村“两委”班子基本上处于瘫痪状态，基层党组织堡垒作用瘫痪，村民群龙无首。

一位当年的村“两委”班子成员回忆说，当时甲夼马家村村级治理失序，主要是由于村级党组织软弱涣散，严重影响了马家村的稳定与发展。

由于班子帮派宗族主义严重，村“两委”班子争你大我小，争领导权和决策权，争人事权，争财权，形不成工作合力。村“两委”之间、村支书和村主任各自为政，甚至相互拆台，思想和工作上存在“两张皮”。

一些村民痛批“老班子”，“当年的老村班子缺乏事业心和责任感，不能真心实意地为群众着想，工作不主动，或者是缺乏办实事的能力，缺乏自己带头致富、带领群众共同致富的创业激情与本领”。

村级党组织软弱，直接表现为村干部民主意识不强，办事不公开，处事不公正。一些村干部管理不规范，制度不执行，形同虚设。有的村干部以权谋私、挪用公款，不注意小节，不能很好地自律。以上问题的存在，严重影响党的先进性，削弱农村基层党组织的凝聚力、战斗力，妨碍农村工作的大局。

堡垒失去作用，群众在“物质+精神”上陷入“两失”。班子“软、散、弱”，村子“怨、欠、乱”，党员的模范作用得不到发挥，村“两委”的干部软、散、懒，缺乏干事的动力和拼劲，村里的事无人出面过问，干部无威信，大小工作出钱都没人干，开会时一半人都招呼不齐，街无人扫、水库管道无人修，村容村貌脏乱差，群众怨声载道。2015年到2017年，该村连续3年被纳入后进班子进行整顿。

村民们反映问题较多的地方，还表现为村务不协商、账目不公开，重大事项只是个别人说了算，一些涉及广大村民利益的经济合同，不经过集体讨论，就由个别干部私自签字，这极大损害了村民利益，有些合同内容甚至无原则地违反相关规定。

个别干部乱作为，做事不公开公正，严重影响了村级稳定，直接导致多次群众上访，最多时达百余人。镇党委从中调解，多次做工作，却难以让所有人满意。上访问题直接导致民心涣散，村风正气不张，歪风邪气占了上风，村民也成了一盘散沙，村容破败，卫生脏乱。

长期无组织无纪律状态，又直接导致集体经济薄弱。村集体经济收入连年不增长，拖欠四职干部工资和村“两委”务工补贴一年多。闲置的厂房和土地无人管理，资源不能转化为经济收入。个别村民长期违规占用集体土地，造成集体财产流失。

老支书走马上任　红色村焕发生机

2018年，甲夼马家村举办了新一届村委班子选举，新村委决定要为70岁以上的老人建老年协会，80岁的村民马秀芹当场捐出1000元。她激动地说，“要想跑得快，全靠车头带”，老支书是我信得过的当家人!

被称为老支书的人名叫马永泉，今年68岁。20世纪70年代末，他曾担任过村党支部书记。在任期间，甲夼马家村是远近闻名的模范村，后来马永泉调任他职，已离开该村几十年。2017年，在村民的强烈要求下，已过花甲之年的马永泉临危受命出任村党支部书记。

“群众的充分信任是村干部的最大底气。”面对破旧不堪的老村和一副百废待兴的烂摊子，马永泉以一名老党员的党性和责任坦然接受了这个艰巨任务。上任第二天，他立即带领新班子，走访了全村每一名党员，摸清底牌，查找病根。大家一致认为，要想治好村，必须从头做起，才能找回马家村昔日的干劲儿和热情，再创辉煌!

然而刚上任时所发生的一件事却让马永泉感慨良多。正赶上天旱，山上的水库干涸，他想雇人来把水库里的淤泥清走，好让雨季能多蓄几方水来灌溉庄稼。谁知村民并不支持，很多人提出，不如将村里集体账上仅剩的6000元钱分了当福利。马永泉深切感到，许多村民，已经把老村的红色传统给遗忘了。

甲夼马家村原来是一个具有红色传统的村庄，抗日战争和解放战争时期，马家村有17名烈士舍身殉国，红色基因曾是村民们的骄傲，马永泉敏锐地抓住这条主线。

2018年清明，村委决定组织全村村民到烈士墓前进行悼念活动。清明节当天，原以为不会来多少人，却出人意料地站满了前来祭奠的村民，他们手持鲜花，肃立致敬，向先辈们表达崇敬之情，如此正能量的场面，已很久没有发生。这件事，成为全村团结聚力的导火线。事实证明，这个看似传统的红色“药方”开对了。

活动结束后，村党支部趁热打铁，连续召开支部大会、村民代表大会以及多年没有开过的全体村民大会进行组织讨论。大家一致表示要发扬烈士精神，在全村开展树正气，立新风活动，拿出前辈的正义和冲天的干劲，找回当年的精气神，弘扬正能量，确保村容村貌的改变。

眼看着村民们热情被调动起来了，村委决定再来次加油添柴，建设红色教育基地一处，为全镇185名烈士设置一个20米高、7米宽的烈士纪念碑。群众一听都非常支持，积极参与石马山公墓工程的建设。与以往干件小事都得讲价钱不同的是，这次整个公墓的停车场还有相关配套设施全部由村民义务修建而成。大家伙踊跃参与，志愿出工砌水沟，砌村路边墙和地下公墓停车场周围石头墙，共600多米，动用土石2000多方，为村里节省工程造价20余万元。

工程一直延续到冬季，大家伙都冒着大雪干，带头干活的大多都是60岁以上的，最大的82岁，每天都有60多人出工，最多一天能够达到80多人。一些出不了力的老村民，拿着钱到会计那里捐款，说干不了体力活，捐点钱给能干活的买水喝。村里妇女也自发去找村主任报名，说自己可以给义务工管饭，一连管了50多天饭。村主任那里报名最多的时候排了20多人，包饺子，蒸馒头，四菜一汤，自己用手扶车拉着送去南山给工人吃，有的还怕工人和师傅吃不好，自己花钱去买螃蟹给大家吃。马家村消失了多年的“支前”精神仿佛又回来了。

烈士公墓这个问题解决了以后，马家村风气彻底被带动起来，新一届村委班子赢得了群众的信任，老百姓的积极性也都水涨船高。

村里的道路多年无人打扫，马永泉上任第一年冬天就组织全体党员组成扫雪队。在党员的带领下，许多群众也纷纷自发扫路。南山水库灌溉管道多年没人管，水利局将管头等设施发放多年，堆在库里没人动，乡亲们浇水只能各自想办法。听说这个情况之后马永泉召开村民代表大会，请村民出主意。最后由大家集体筹资修复破旧管道，谁受益谁出资，既解决了资金问题，又让大伙集体受益。

村民欠村集体 10 多万元，四十年的老问题得不到有效解决，马永泉连续召开村民代表大会研究清欠方法，亲自找一些欠账钉子户做思想工作，短短几个月便完成了清欠，压歪风树正气，也为新一届党支部和村委树立了威信。

在转变村风的过程中，一些上任的党员干部得不到村民的理解，经常遭到辱骂，马永泉亲自助阵鼓劲，为受辱干部设“委屈奖”，让党员干部有了底气，在转变村风的过程中当先锋，发挥了模范带头作用。借此东风，村党支部连续组织全体村民开会讨论村务管理实施意见，先后九易其稿，出台了依法治村、民主管理的 11 条村务管理措施。这是多年来村里由全体村民集体讨论通过的第一个公开的村规民约。通过学习村务管理意见，村民们知道了哪些事能做，哪些事不能做，什么是是什么是非，什么是底线。至此，甲夼马家村的村风有了里程碑式的转变。

组织重塑筑堡垒　党建引领破“双失”

“甲夼马家村落后的最根本原因，就是村党支部多年处于瘫痪状态，村民有难事，找不到党员，找不到组织。”马永泉深刻地认识到，甲夼马家村陷入“物质 + 精神”的双失，就是党的战斗堡垒作用没有得到发挥。最好的药方，就是重塑党支部，让党建引领成为破解“双失”的航标。

他在支部大会上发言说，咱们村党建引领的目的是党员带头、群众参与。党支部强起来、党员队伍强起来、党的工作强起来，群众参与的热情才能高起来。

如何提高党员威信？村支部决定用征信建设补齐短板。甲夼马家村的征信差是普遍存在的短板问题，以党建为引领，以征信为驱动，是补齐这个短板问题的有效途径。

甲夼马家村是个老人村、空心村，村里 500 多名村民，党员只有 28 人，其中 80 岁以上老人有 6 人，能出席党员大会的党员只有 22 人，老弱病残的党员队伍如何最大程度地发挥党建引领的作用?

马永泉上任伊始，党员大会因长期形式化，开会人数能不能到齐都是问题。他坚持抓好党员队伍的建设，克服困难配齐四职干部，强化责任，理顺分工，努力改变党员纪律涣散的状况。马永泉说，党员光开会是不行的，不开会是万万不行的，开足党员大会，才能召集起村民全体大会。马家村召开的党员大会数量是周围村的几倍，他还要求村民代表都要旁听党员大会，让村民代表随时举手为党员提意见，带头落实“三务”公开制度，村内大小事务实行“一事一议”，保证公开透明，吸纳新鲜血液，鼓励优秀分子加入党组织，积极改善和优化党员队伍年龄结构。

在甲夼马家村的村头，有一块征信星级公示栏，所有党员的征信情况都排在群众的前面先行公示。党员的征信直接带动了普通群众参与征信管理的热情，也为群众树立起征信标杆。通过信用星级公示，村民的年终福利、评先选优直接与星级考核挂起钩来，让“荣辱感”成为村民的心头事，群众主动参与村级事务的热情高了，歪风邪气说怪话的少了，捐款的多了，揩油的少了，“四清”、环卫、清洁家园等工作开展得如火如荼，村内形成了对标先进、比学赶超的良好氛围。

分区联户明责任　“信用 + 志愿”扭村风

甲夼马家村曾被市委组织部纳入后进班子进行整顿，经过短短一年的治理，逆转成为文明实践信用建设示范村、全民团结友爱文明村。《人民日报》《大众日报》等主流媒体对该村文明实践活动进行了专题报道，这个落后村仅用一年时间就完成了“逆袭”，与治村有道密切相关。

实施网格化分区联户是甲夼马家村村级治理的重要方法。全村分四个片区，村“两委”成员任片长，党员、村民代表包户责任到人，任何一件事都要经过党员和村民代表讨论认可签字表决，然后张榜公示。村委成立 12 人的村级整治小组，一切琐碎小事、民事纠纷和打仗斗殴都在小组里解决，并设有限期整改通知书。村民发现村干部有任何问题，可以直接通过小组在党员和村民代表大会上当场提出疑问，现场提、现场解答、现场解决。

为了发挥老年人带头作用，村里还专门成立老年协会。70周岁以上的村民，只有得到四个征信星，才能进协会。协会的口号是“一帮一，一带二”：带好一户邻居和带好自己两代人。老年协会还有一个重要任务是每年都要在全村大会上对村“两委”的工作进行点评，有效地对村务管理进行监督。

2013年起，荣成市在全省率先启动了社会信用体系建设，评选先进、村民福利待遇等都与个人信用等级密切相关，每个村都设有专门的信用基金，用来激励守信行为，让守信者得“甜头”，失信者有“痛感”。甲夼马家村就是依托这个“信用+志愿”的机制，不但一举扭转了落后的村风，而且大幅提升了乡村治理水平。

甲夼马家村在“信用+志愿”服务方面的做法是这样的。

一是成立了“党员先锋”“奉献石马山”“美丽乡村”“夕阳最红”“欢乐马家”“清洁家园”等6支志愿服务队，将一半左右的村民，发展成为固定志愿者。志愿者开展活动有四种方式：

讲：按照一月3次的学习要求，经常性组织开展宣传宣讲活动，邀请市镇两级志愿服务专家前来送理论、送政策、送法律、送知识，用先进思想、科学知识占领群众的头脑。

评：按得星数多少，将村民“志愿信用”分为三个等级，分别制成光荣牌。A级的由村“两委”敲锣打鼓上门挂牌，B级、C级的在村民大会上发放，村里安排志愿者统一去挂。

帮：谁家遇到困难，大家都积极帮助。一名妇女得了癌症，在村干部不知情的情况下，20多位妇女一起到她家捐款。“三秋”时节，一位村民因车祸住院治疗，撂下三亩地花生未收，30多位妇女主动前去帮忙，刨花生、摘花生、晒花生，一切都办得妥妥帖帖，邻村司机被她们的行为感动，270元的车费只收了200元，临走时说：“剩下70元我也用来献爱心。”

“乐”和“庆”：村里爱好跳舞的妇女组成了“欢乐马家”志愿服务队，村民家有喜事，活跃气氛。2019年春节，村里自办春节晚会，20多个节目全部由村民们自编自演，整个晚会持续了2个多小时，堪称“小春晚”。

二是实行“信用考核”分级制度。2018年，马家村制定了《甲夼马家村信用管理实施办法》，将信用建设与新时代文明实践相结合，村民参加志愿服务、助人为乐、拾金不昧等都会有信用加分。全村被分成四个信用网格，每个网格都设有一名信用管理员，负责采集好人好事信息，每条信息要求有时间、有地点、有图像、有第三人证明。这些采集信息由村征信领导小组进行讨论，认可签字后张榜公示7—10天，没有异议的就给予红旗或红星，每月在考核栏内张贴更新。年底，全体村民都按照得星数多少排列名次，以金字塔形式在星级考核榜上公示。按照公示结果，过去在年终全村人人都可以享有的村民福利“大锅饭”，改成了按照信用评比结果换取的信用“福利”，极大地调动了村民们参与文明实践活动、诚信守规的责任心和积极性。

实行“信用+志愿”村级管理制度一年后，村风村貌得到迅速转变。2018年夏庄镇表彰14名镇级“诚信建设先进个人”，甲夼马家村就占7名。在短短一年时间里。甲夼马家村综合考评也在全夏庄镇33个村考评结果中名列前茅。

有几件小事可以反映马家村里变化。2019年植树节，荣成市组织机关干部到村北环山路义务植树，早晨7点多，还没等他们到位，甲夼马家村里6支志愿服务队就已干得热火朝天，栽完了近80%的树苗。

村主任说：“昨晚听说要栽树，今天一早村民们就来抢树苗。”一位年轻村民插话：“以前每次集体有任务，村里老人和妇女最先得到消息，志愿信用分都让他们挣走了。这次我赶巧在家，就早点起来，打算干完了去上班，两边都不耽搁。”

在如今的甲夼马家村，抢着干志愿服务，争着去攒信用分，成为村民的生活常态，文明实践的新风尚已经深入到每位村民的心里。

村民马玉文是位老上访户，以前对村里工作不闻不问，后来主动找到村干部，提出想为村里做点贡献。原来，马玉文10岁的孙子发现征信公开栏上面他爷爷一个红星没有，就问：“爷爷，你咋这么落后？没有小红星也没有小红旗。”孙子的这番话说得马玉文脸红。自此以后，他成了参加志愿服务的积极分子。

尾　声

如今，来甲夼马家村“取经”的人很多，他们向马永泉书记提问最多的是：

“是不是你们村有钱？”“是不是村民太老实，好忽悠？”

马永泉就直来直去地回答：“我们村集体收入也就仅仅能保障基本开支，人也不傻，其实就是大家党性修养高了，觉悟高了。”

马书记说出了他们依靠组织破解“物质+精神”双失的“宝典”：

一是村干部处事要公平公正。任何一项工作都要村“两委”先拿出意见，然后放到党员和村民代表中讨论，形成意见后存档，再公示，没有疑问了再落地实施，保证公平公正。

二是村干部必须多为老百姓考虑。研究任何政策都是换位思考，也就是把自己当成一个普通村民。

三是任何工作都必须干部带头。村“两委”带头，然后党员、村民代表推广，再加上协会的老同志参与鼓动，村民们看到村里任何工作都没有特殊性，大家都一起干，自然而然就参加了。

四是村干部要为村里办好事，办实事。村干部要积极帮助村里办事，村民需要开证明、盖章的，都是村里给他们去办，让村民少跑腿，腾出时间出工赚钱，群众的小事，必须办好。

如今的甲夼马家村，上至七八十岁的老年人，下至青少年，都在关心集体、热爱集体、义务出工、捐钱捐物，村民有困难，互相帮助，千家帮一家，村民之间非常团结和谐。通过转变思想，党员带头，发挥先锋模范作用，再通过征信这个抓手，把村里的村务管理等各项工作，把各项民生问题，把新时代文明实践等工作都和征信结合起来，这样不仅改善了村里村居环境，而且改变了村里的村风民情，真正让甲夼马家村实现了“大蜕变”。

研讨题：

1. 甲夼马家村为何从红色村变成“落脚村”？后来为何又“逆袭”变成先进村？

2. 甲夼马家村破解“物质+精神”双失的主要做法是什么？

3. 甲夼马家村实现“落脚村”华丽转身的启示有哪些？

新型集体经济闯出农村发展新天地

——荣成市东滩郭家村党支部领办合作社的实践探索

邹　凯

【引言】

2019年3月8日，习近平总书记在参加十三届全国人大二次会议河南代表团审议时强调："巩固和完善农村基本经营制度，完善农村承包地'三权分置'办法，发展多种形式农业适度规模经营，突出抓好家庭农场和农民合作社两类农业经营主体发展，支持小农户和现代农业发展有机衔接，建立健全集体资产各项管理制度，完善农村集体产权权能，发展壮大新型集体经济，赋予双层经营体制新的内涵。"

【摘要】

荣成市东滩郭家村曾经是全市出名的软弱涣散村。为解决好东滩郭家村班子软弱涣散的问题，滕家镇党委成立工作专班，下派镇党委组织委员到村挂职党支部书记，直面干部履职尽责不到位、信访等问题，找出问题症结所在，重新树立起村"两委"班子的威信。之后村党支部领办的合作社积极探索规模化经营，推行机械化生产，坚持精细化管理、订单化发展、特色化发展、多元化高效发展，实现了村集体经济增长、村民致富的双赢。目前的东滩郭家村人心思齐，群众安居乐业，歪风邪气一扫而光。

【关键词】

东滩郭家村　党支部领办合作社　规模化经营

东滩郭家村位于滕家镇驻地东部、小落河南侧，东与小落村毗邻，西面就是“两弹元勋”科学家郭永怀的家乡西滩郭家村，属于“八河库区抬田工程”重点区域。全村共202户、495人，党员29人，村“两委”干部7人，耕地面积1300余亩。

过去的东滩郭家村是全市出名的软弱涣散村，村内矛盾十分突出。一是村“两委”班子软弱涣散。党支部和村委形成的两套班子相互交锋、争斗，互不配合，工作时消极懈怠，宗旨意识淡薄、服务意识差，民主评议时5名党员被评定为“不合格”等次，党支部威信降到了谷底，连续16年未发展党员，村内各项事务基本停摆，信用管理、“四清”工程等重点工作完全无法推进。二是信访问题突出。个别村干部工作方法简单、粗暴，激化了村内积累的矛盾，部分群众连续多年反复赴省进京上访，村内民心涣散，群众对村内事务漠不关心。三是集体经济薄弱，村集体负债累累，连村里路灯电费都交不起，村党支部领办的合作社也无法正常运转，村容村貌破烂不堪、垃圾成堆，雨天道路泥泞难行。经过一年多的专项整治，通过抓班子带队伍，抓经济促发展，党支部建设蒸蒸日上，村容村貌发生了翻天覆地的变化。目前的东滩郭家村人心思齐，群众安居乐业，歪风邪气一扫而光，项目洽谈进展顺利，产业振兴指日可待。经过五年多发展，合作社已累积资产400多万元，实现了村集体经济增长、村民致富的双赢，村内各项工作走在全镇前列。

破难点，班子建设全面过硬

为解决好东滩郭家村班子软弱涣散的问题，滕家镇党委成立了工作专班，下派镇党委组织委员到村挂职党支部书记，直面问题，深入矛盾中心。历时半年，找出问题症结所在，从原党支部委员2014年工资兑现入手，提出了党支部委员2015—2019年工资兑现方案，以谈心谈话、认定处置不合格党员、调整分工、纪委跟踪督导、发展党员等“五步工作法”，召开专题研判会议，对方案的实施进行了具体的研究和筹划。按照既定方针，由挂职书记从中协调化解党支部和村委双方矛盾，重新制定年度工作计划，并对班子分工重新进行理顺和调整，在党员和村民代表大会上公开，明确干部职责。针对干部履职尽责不到位的问题，每月结合工作计划督导进度、“照单收账”，完成情况直接与干部工资挂钩，激励村干部担当作为。同时，强化纪律规矩，根据民主评议结果及工作表现，将三名党支部委员列为不合格党员，由镇纪委会同组织部门进行约谈，下达处理决定书，限期半年改正，镇纪委跟踪问效整改情况。针对信访问题，滕家镇党委召开部门联席会议，对群众历年来上访反映的问题进行梳理，逐一问询、调查、取证，组织召开党员及村民代表大会进行澄清，重新树立起村“两委”班子的威信。

抓重点，集体经济发展提档升级

村党支部充分发挥八河抬田区的项目优势，依托东滩农机专业合作社及平度种养大户，积极发展高效农业。2015 年 9 月，村党支部领办了东滩农机专业合作社，全村 202 户群众共 1300 余亩的土地全部入股合作社，合作社为入社的社员颁发“社员证”，按照每亩土地 700 元实行保底收益。同时每户出资 1000 元用于购买农机具，村集体以集体原有和租赁抬田工程增量的 400 余亩土地入股。八河水库扩容工程实施以后，合作社对全村土地实现集中连片、土地平整，自动化灌溉条件得到质的提升，合作社自营全部土地，实现了规模化经营，发展小麦、玉米、花生等农作物种植，第二年合作社收入就达到了 100 余万元。

对入社的农户，合作社以每亩每年 600 斤小麦的当年市场保护价格（约 700 元）作为保底收益，年底每户还发放约 500 元的物资分红，2018 年合作社还返还了每户购买农机具的出资。

找落点，规模化经营多措并举

一是积极探索规模化经营。八河水库扩容工程实施以后，全村土地实现集中连片，土地平整。地力肥沃，抗旱耐涝。交通条件上，八河抬田区西临 S301 省道，田间道路纵横交错，交通极为便利，是荣成市确定的八河生态（滕家）田园综合体片区的核心区域。整片土地位于八河水库北岸，属于荣成市重点保护的水源地，拥有泵站四座、水库六座，小落河流经全境，河水水位常年保持在 5—6 米，水面宽 60 多米。2016 年八河水库扩容工程实施以后，合作社斥资 800 万元兴建水利设施，机房、管道、电子控制阀、喷淋系统一应俱全，点点按钮，可远程实现灌溉，土地自动化灌溉条件得到质的提升。合作社充分因势利导，发动全村及周边村，以土地入股的方式，实现规模化经营，到目前已经流转土地 2300 亩。

二是积极推行机械化生产。合作社拥有大型耕种机械 23 台；建有 7000 平方米的农机大院，内设培训教室 130 平方米，食堂 130 平方米、机械仓库 800 平方米、办公室 100 平方米。通过实践看，合作社具有较强的组织能力，组建了管理机构和技术团队,技术团队专门负责农作物的种植规划和栽培技术落实。合作社注重花生、玉米、小麦大田作物新品种新技术推广，实行病虫害统防统治服务作业，按照“龙头企业 + 合作社 + 基地 + 农户”的模式进行运作。合作社先后购置了拖拉机、旋耕机、深松机、开沟机、小麦玉米收割机、花生收获机、玉米花生小麦播种机、悬挂式喷雾机、秸秆还田机、30 吨烘干机等大型机械，从耕地、旋地、耙耢、打药、收获、秸秆还田、粮油烘干等环节实现全程机械化，实现耕、种、收获一条龙服务。

三是坚持精细化管理。为进一步规范合作社管理，村党支部研究制定了《村办企业财务管理制度》，建立了财政、社务定期公开制度，聘请专家对合作社的账目进行理顺，进一步强化账目管理。合作社积极完善会员管理制度，坚持合作社利益共同体，积极调动各社员的积极性，打造现代农业农村管理的新范本，实现了经营效益的连续增长。全面落实小麦“一喷三防”、玉米“一防双减”等绿色环保发展模式，机械化设备基地建设水到渠成。

四是坚持订单化发展。合作社采取“自耕自种 + 对外合作 + 农机服务”的方式调整运营模式，对 1250 余亩土地进行重新规划，划分 300 余亩土地由合作社自耕自种，种植芋头、土豆、花生等农作物，流转 700 余亩给农业种植大户种植土豆、芋头等，流转 60 余亩同葡萄酒庄合作种植葡萄，剩余 100 余亩同种子站和农技站合作建设试验田。与武汉中锁超市合作，全部产品直接打入湖北等连锁超市。目前，东滩是全镇最大的良种芋头和优质土豆生产基地，并带动周边村、镇发展土豆和芋头，生产近万亩。合作社还引进了市场化运作模式，以种植大户为突破口，带动合作社各类农业生产实现品牌效应最大化，生产经营效益最大化。同时，合作社还向周边的 2800 余亩土地提供农机服务，预计

2021年合作社可增收300万元，净收益达到110万元。

五是坚持特色化发展。合作社以种业发展为突破口，发展千亩良种繁育基地，建设小麦、玉米、土豆、芋头等良种繁育基地，合作社每年接待合作社社员及周边农户3000余人次观摩选种，实现“看禾选种”的目标。多次承接威海市农作物新品种现场观摩会，2016年承接了威海市农作物新品种暨扶贫带动观摩会，荣获威海市农民合作社示范社荣誉称号。2017年至2019年连续三年承担了山东省种子管理总站安排的小麦新品种跟踪评价试验、山东省玉米新品种展示示范，山东省花生创新团队组织的花生新品种区域试验、花生良种展示、全生物降解地膜试验等工作，承接了荣成市种子管理站自主安排的大宗粮油作物及旱稻谷子高粱等杂粮品种引进试验，取得了优异的试验展示效果。

六是坚持多元化高效发展。合作社以现代种植业为基础，积极推进一、二、三产业融合，到目前14亩生态农场项目已经投入运营，农场将以特色种植为基础，发展采摘、垂钓、餐饮等现代服务业，全力培植新的增长点。合作社积极发展产业招商，到目前已经引进鲁粮集团、武汉中北超市、中信证券等大企业，就现代旅游、农产品加工等达成合作，到2021年10月有在谈项目10个，发展势头良好。在此基础上，合作社积极发展生产性服务业，充分利用农机合作社的优势，为周边村提供租赁服务业，年可新增服务性收入30多万元。合作社积极引进海草居电商、大学生创业基地等电商合作伙伴，与威海海洋职业学院合作，积极发展电商供货基地，实现农业产品卖全国的发展格局。

疏痛点，村民民风向善向好

合作社的运营渐渐步入正轨，村党支部也履行承诺，将合作社收益的一部分投入到村庄建设中，彻底解决村里落后的面貌。村内新建了便民服务室、农家书屋等活动场所，更换了办公桌椅，完成了供水设施建设，解决了困扰村民多年的用水问题，新增路灯20余盏、监控16处，完成道路硬化15000平方米，目前“户户通”工程正在实施完成。

村集体还投资近10万元建造1处暖心食堂，为75周岁以上的老人以及身体残疾、行动不便的人员解决一日三餐，提高老年人幸福指数。

村集体经济的飞速发展还加快了村庄“软实力”的建设，东滩郭家村的村风民风得到极大改善，原来停滞的信用建设、网格、文明实践等工作已经同步推开，村里重新完善了村规民约，制定了信用管理实施办法，取消村民福利，设立5万元信用基金，每月召开征信议事会，并对居民信用奖扣分情况进行公示，每月兑现奖惩。成立了12人的志愿服务队，每月常态化开展志愿服务活动。疫情防控期间，村内群众纷纷争当志愿者参与卡口执勤、摸排走访等防疫工作，还有1位村民义务捐助了5000斤大米。东滩郭家村正从原本村风散漫的“乱村”向村风和谐、人人向善的“强村”转变。

2021年，东滩农机专业合作社积极响应国家保障粮食安全的号召，种植小麦750亩，亩产800斤，收获夏粮60万斤，收入68万元，再加上小麦补贴每亩134元，补贴共计10万元。扣除地租每亩300元（地租每亩700元，上半年支付300元，下半年支付400元）及种地成本400元，上半年夏粮纯收益25.5万元，再加上农业社会化服务种粮补助每亩70元，小麦5.25万元，小麦收益30余万元；玉米种植面积1100亩，亩产达到1000斤，收入132万元，扣除地租400元、费用400元，纯收益44万元，社会化服务补助收入7.7万元，玉米纯益51.7万元，两季净收益共计81.7万元。

代耕代种其他党支部领办的合作土地，社会化服务面积2000亩，服务收入40万元；发包土地100亩，收入9万元；其他作物花生、土豆收益5万元，扣除各种费用，收益48万元。东滩农机专业合作社2021年净收益约130万元。

东滩郭家村将以产业发展为主攻方向，以打造新型农民综合合作社为目标，不断充实完善合作社的各项规章制度，通过培训、农业招商等形式拉动村域经济发展，结合土地流转、特色农业、旅游产业等新经济模式探讨农村发展路子，带动周边群众就业，彻底摆脱落后面貌，灵活运用征信、网格巩固建设成果，实现“从后进到先进”的蜕变。

研讨题：

1. 东滩郭家村是如何实现后进村到先进村的转变的？

2. 结合身边实施乡村振兴战略的情况，谈谈东滩郭家村的发展有哪些可借鉴之处。

好支部带来好日子

——荣成市人和镇邢家村党支部引领乡村振兴的实践探索

宋美媛　夏英华

【引言】

2018年3月8日，习近平总书记在参加十三届全国人大一次会议山东代表团审议时强调："实施乡村振兴战略是一篇大文章，要统筹谋划，科学推进。""要推动乡村组织振兴，打造千千万万个坚强的农村基层党组织，培养千千万万名优秀的农村基层党组织书记，深化村民自治实践，发展农民合作经济组织，建立健全党委领导、政府负责、社会协同、公众参与、法治保障的现代乡村社会治理体制，确保乡村社会充满活力、安定有序。"

【摘要】

2009年以前邢家村还是一个典型的落后村。村里长年没有自选的党支部书记，干部队伍涣散；村民口袋里没钱，人心不稳；矛盾纠纷时常发生，干群关系极度紧张；村里环境基础很差，乱搭乱建现象严重。2009年，在外经商多年、身为荣成市人大代表的姜忠强服从组织安排，担任了邢家村党支部书记。姜忠强上任后，通过组建建筑施工队、环境综合整治、拆除乱搭乱建、完善基础设施、丰富文化生活、关爱弱势群体等举措为集体经济发展理顺分工，扫除障碍，打下基础。2020年，邢家村成立了党支部领办的农业种植专业合作社和社会化服务组织，成功实现了整村土地流转，村集体经济收入达到72万元。现在的邢家村，村民收入提高了，村里环境整洁了，干群关系和谐了。

【关键词】

邢家村　党支部　合作社　乡村振兴

荣成市是全国闻名的渔业县市，人和镇作为荣成市几个主要的渔业大镇，渔业经济发达，特别是远洋渔业，无论是船队规模、还是效益都位居山东第一。但位于人和镇最东端的邢家村却是一个地地道道的内陆山村，过去还是一个典型的落后村。2009 年以前，村里集体经济多年变化不大，村集体收入主要靠着有限的资源发包，勉强维持运转。老百姓经济来源非常少，家家户户靠着人均一亩的耕地，从土地“刨食”，收入有限。村里乱搭乱建现象严重，道路中间就有乱建的房子、车库，拆又拆不了，给出行带来极大不方便。村里环境处于脏乱差的状态，房前屋后，鸡笼鸭笼，草堆垃圾，水在道路中间流，没人管理。村里环境基础很差，甚至没有一条干净、稍微平坦点的道路，下雨天泥泞难行，连小商小贩都不愿到邢家村做买卖。村干部选举竞争激烈，有家族、利益之争，选不出党支部书记，只能由镇上委派挂职书记。村委主要干部在老百姓心中没有威信，开会讨论村里事情，因为意见不一致，矛盾冲突激烈，经常导致会议中断。村情不稳，村里矛盾纠纷多，上访群众就有五六帮。村民不愿参与村级事务，对村务决策、管理和监督工作的评价也较低。

多措并举，实干担当聚人心

2009 年，在外经商多年、身为荣成市人大代表的姜忠强服从组织安排，走马上任，担任了邢家村党支部书记。在姜忠强心目中，农村干部尤其是党支部书记，不是来坐党支部书记这个位置的，是来挑这个担子的，要敢于担当、勇于作为，自己的家园自己建，自己的发展蓝图自己绘。既然组织和村民信任他，他就要把这个责任担当好。

据姜忠强讲，当时村里集体经济收入不足 10 万元，村里干什么事都举步维艰。没有钱，不能让群众得到看得见、摸得着的实惠，怎么办？刚刚上任的他就和村“两委”班子成员想着如何破局的问题。然而邢家村一无得天独厚的海洋资源，二无远近闻名的山村特产，思来想去他们觉得只能围绕着人力想办法，但靠着集体组织力量出卖劳动力这种原始的办法，肯定不长久。鉴于当时房地产升温、大量农村建设劳动力外流，农村基础设施建设力量反而不足的实际，姜忠强牵头成立了“荣成市邢家村农村经济股份合作社”，通过合作社搭桥，将村内的瓦工、普通劳动力等闲置资源聚集利用，建起了以本村村民为主体的、具备从业资质的建筑施工队，从事农村架桥修路等基础设施建设，使集体经济收入当年就实现了翻番，群众的福利水平也随之提高。2011年，村里一次性购置了联合收割机、拖拉机、免耕机等农用机械设备，每家的种子、耕种、收获等的劳作和费用一律由村集体承担，从此，邢家村的村民们告别了“面朝黄土背朝天”的劳作方式，多少辈农民的梦想在邢家村得到了实现。

之后正好赶上新农村建设，村“两委”把着力点放在农村环境综合整治上，全面清理“三大堆”和拆除乱搭乱建。为了彻底改变村里的面貌，村“两委”决定先从改变村风入手，多次召开党员大会、村民代表大会，说明环境整治的重要性，讨论研究环境整治规划方案，带领党员、村民代表到镇内环境优美的典型村学习，通过现场对比，直观感受差距，唤醒他们的责任感。党员、村民代表感到羞愧脸上无光，纷纷加入整治环境的队伍，带头清理自己的房前屋后。为了给村集体节省开支，姜忠强把自己的两台挖掘机无偿投入到整治第一线，其中一台连续干了两个多月。同时，还将属于自己公司的原材料、职工无偿安排使用。无声的行动，感召了广大村民，大家纷纷参与到环境整治和硬件建设中，全体群众自愿捐献义务工，最终全村的三大堆全部被清理完，车库、草厦子等乱搭乱建全部被拆除，一个干净整洁的新邢家村展现在人们面前，邢家村也被评为2011年度威海市新农村建设示范村。

随着集体经济状况的改善，群众关心的问题和要求也越来越多，对干部的要求也越来越高。为了满足随着经济条件提高而带来的更高层次需求，村“两委”积极依托新农村建设、美丽家园建设、绿满荣成建设等系列主题活动，对全村进行整体规划，科学升级改造。先后筹资100多万元，实现全村道路整体硬化、石砌排水沟2000多米，建成大小花坛200多个，栽植各种绿化苗木4000多株、草坪小花20000多棵，全村260户全部实现无害化厕所改造，实现全村污水改造，雨污分流改造。为鼓励家家户户栽花美化，村“两委”研究决定拿出5000元资金购置盆栽花免费发给积极参与创建精品户、示范户的村民，最终成功创建了50户精品户，198户示范户、全村清洁户，真正实现了村在绿中，花香四溢。

在美丽乡村综合提升环境整治的行动中，村“两委”带领全村干部群众按照“四清三化两改”的要求，在已经完成私搭乱建拆除的基础上积极协调电力、移动、联通、广电等部门，又对全村的空中电缆线进行了规划，使邢家村成为人和镇美丽乡村建设的示范村，并荣获威海市文明村。现在走在邢家村，处处能闻到花香，村子内外整洁，俨然世外桃源。

在构建乡村治理新格局上，依托荣成市志愿服务、信用建设制度化两大特色优势，邢家村引入“志愿 + 信用”模式实施村庄管理，全方位激活群众参与乡村治理的内生动力。村里出台了“农户门前绿化三包”奖惩措施，引导群众主动参与村庄管理，在全市范围内率先取消了村级保洁员，全部由志愿者代替，组建了 5 支、420 多人的环境整治志愿服务队伍，负责辖区环境卫生，参与环境整治的志愿者从 10 多岁的青年到 70 多岁的老人都有，村内环境卫生水平得到了大幅提升，脏乱差现象一去不返，邢家村成为荣成市首批环卫验收免检村。为确保环境问题不反弹，村里还建立了严格的管理制度，每个家庭房前屋后，必须每天清理一次，村里每周检查一次，同时每月组织两次义务劳动，全村村民义务清扫卫生，奖优惩劣计入征信管理档案。邢家村从典型的“脏、乱、差”的村庄转变为“绿、美、亮、净”的幸福小村。

在提升群众精神文化生活水平上，村“两委”多方筹资 100 多万元，利用群众文体广场，建起了占地 400 多平方米、演绎功能齐备、在威海地区范围内为数不多的高端群众性演出戏楼。村里集合有表演兴趣的群众，成立了规范化的邢家村忠强艺术团，现在该团已成为在荣成市具有一定影响力的乡村群众性艺术团体，曾获得山东省优秀文化团队荣誉称号。按照“每村一场戏”的工作指引，艺术团积极参与荣成市组织的送戏下乡活动，每年贡献文艺演出 60 多场次。在剧团建设中，姜忠强多次到荣成市艺术团等组织取经，邀请石岛、威海等地的文艺团体骨干到村进行艺术指导，有效地推动了邢家村的文化振兴。村民王海燕说：“姜书记自己还多次参与文艺节目的创作，形成了一系列弘扬新时代文明的小品、歌曲等，作品受到老百姓的认可。”

在关爱弱势群体上，邢家村投资 20 万元，利用村内闲置房屋改造建成了“暖心食堂”，成立了以党员为核心骨干的巧厨娘志愿服务队。根据村里老人身体状况采用集中就餐与上门送餐两种方式，为村内38位80周岁以上老年人、高龄退役军人、特困群体提供免费午餐。针对老人年纪较大、口味不一致的情况，通过走访，汇总整理每个老人的需求，制定了个性化菜单，实行点单服务。通过一系列的努力，村“两委”干部的威信真正在群众中树立了起来，现在的邢家村干部群众就一门心思图发展。姜忠强自豪地讲，现在只要村党支部一声号召，群众一呼百应，做事没有任何阻碍。在2020年的土地流转中，村集体与群众签订合同，只用了一个上午。村里有个老人说话很透彻，“姜书记办事我们放心，因为大家都知道他是真正要领着我们大家往好了过，该怎么弄就怎么弄。大伙都支持！”

乡村振兴，产业兴旺是重点

实施乡村振兴战略，是党的十九大作出的重大决策部署。产业振兴是乡村振兴的首要任务，产业兴旺是解决农村一切问题的前提。只有夯实了产业根基，让乡村具有“造血”功能，才能激发农民自身的内在动力和蓬勃活力，最终实现乡村振兴。如何顺应时代发展，立足本地实际，走出一条具有时代特征、本地特色的，以产业振兴引领带动乡村振兴的新路子，这是姜忠强一直思考的问题。

邢家村的人心已经凝聚了，村里的经济有所发展，但根本的产业优势没有形成，这也是邢家村在发展中真正的堵点、痛点。以前邢家村人均一亩地，家家户户都种粮，但随着农村老龄化、空心化的问题越来越严重，年老的种不了、年轻的不爱种，土地撂荒无人耕种的问题逐渐凸显，农村土地谁来种、怎么种，成了制约村庄发展的最大困难。姜忠强通过与村“两委”一班人冥思苦想，反复进行探讨、碰撞，多次到潍坊、临沂等地学习取经，召开党员和村民代表会议，最终将增收致富的落脚点定位在“土地”上，成功实施了整村土地流转和社会化服务代耕代种。

支部领办合作社，耕地价值倍增。为实现这一目标，邢家村在2014年就成立了土地股份专业合作社，拥有耕地的村民以人口入股，土地的耕种、灌溉、收获均由村集体负担，村民参与土地管理，收获的粮食除村里留够种子、食堂用、补贴五保户和困难户的以外，其余粮食都分给村民。村民们算了一笔账，原本自己种地，辛苦一年一亩地的收入也就七八百块钱，这样交给合作社统一经营，不仅不用自己种地，收入甚至比以前还要好。

在此基础上，结合2019年荣成市大力发展高效农业的优惠政策和党支部领办合作社的号召，2020年初，由村党支部领办的农业种植专业合作社正式注册成立，注册资金100万元，对全村620亩耕地实现整体托管，拥有耕地的620名群众全部入股。在利益分配上，合作社占得51%，剩余49%的收益再平均分配给全体村民。按照“邢家村农业专业合作社章程”，合作社每年根据农时轮番种植小麦、玉米、花生等粮食作物，利用大型农机具承担播种、病虫害防治、灌溉、收获等工作，每个入股村民每年只需出2—4个义务工，每人每年就能获得200斤面粉、20斤油。目前，入社村民每人每年平均增收800元，村集体增收近20万元。村民将土地托管给了村集体，自己有粮有油又得收益，省出来的时间还能出去打工，再挣一份钱，群众都连连叫好。合作的运营模式得到了群众认可，党支部威信得到提升，干群关系更加密切，群众向心力也越来越强。

党员群众齐上阵，合力谋求发展。为加强合作社运营管理，将产前产后服务链条优化延伸，邢家村受新时代文明实践活动的启发，采取“党支部引领全局发展，志愿者认领土地网格，带动全村群众集体参与”的模式，将全村620亩土地划分为5个生产网格，由村党支部负责对全村农机、土地等生产要素进行整合，统一调配使用。5个生产网格分别由5支志愿服务队认领，每支志愿服务队80人左右，负责土地的播种、除草、打药、收获、储存等产前、产中、产后服务，每满5小时加1分信用分，月底统一在公开栏中公示，每季度根据信用分高低享受福利发放、信用表彰等。通过这种形式，既能做到分工明确、运转有序，又能在彼此之间形成“竞争”氛围，提高土地使用效率。村民变“社员”，降低了农业种植中占比最大的“人工”成本，每年可节省人工费用24万元，进一步实现增收获利，极大地丰富了农业发展和乡村治理内涵。在党支部引领全局模式的激励带动下，全村志愿者队伍不断发展壮大，目前，已有党员先锋、园来友你、花饽饽、豆腐西施、巧厨娘、垃圾分类6支志愿服务队，成员发展到310人，实现了“家家户户都有志愿者”的目标。

村民志愿者邢厚进说："村里经常组织各种活动，无论是党员，还是普通村民，大伙都积极参与。有句话说得好，'有困难找志愿者'。我们村在这方面做得特别好，不管是村里收拾卫生，还是栽花、种树，大部分都是志愿者去做，大家做得也很开心。"

合作社还注重发挥党员的先锋模范作用，积极利用非基本农田探索发展特色农业，多途径壮大集体经济，不断增加合作社成员增收渠道。2020年春天，将村内近150亩废弃果园进行平整，建设"党员先锋创业园"。村内35名年轻党员分为3个小组，负责创业园的前期准备、种植、管理维护等各环节工作。通过组织党员先行先试，积累了特色农业种植的经验，为下一步规模发展特色农业种植打好坚实基础。目前，合作社所有种植农作物全部在"中华保险"购置了自然灾害及最低产量保险。

引入耕种新理念，助推产业振兴。为延伸拓展发展链条，进一步培植壮大集体经济，增强群众致富能力，2020年6月份，在对前期工作进行反复思考、研究的基础上，合作社积极研判农业发展走向，瞄准"规模种田"，下定"做大做强传统农业、深度挖掘耕地价值"的决心，决定在发展农业社会化托管服务、联手科研单位科技兴农两个方面集中发力，加快实现村庄农业产业振兴。

围绕大力发展农业社会化托管服务，合作社先后累计投资200万元购置联合收割机、旋耕机、大型拖拉机等大中型农机具20余台，整合村庄大型农业机械、技术人员、劳动力资源，于2020年成立了"荣成市忠强农业服务有限公司"，面向社会承接"耕、种、管、收"为一体的全程耕种一条龙服务，当年实现代耕代种1700亩，集体增收30万元。2021年代耕代种增加到3000亩，预计可增加集体经济收入50万元。目前，公司服务能力已超过1.5万亩，可为本村村民及周边群众提供增收岗位80余个。

另外，合作社探索的相邻地块集中连片、统一耕种模式，有效解决了农村土地"谁来种"的难题。收益方面，合作社的集中连片经营和村民分散经营，就像是商品买卖中的批发商和个体户，相比于个体户，批发商采购量大，在机械化使用、农资购买和农产品销售过程中，享有"定价权"，会形成收益的"剪刀差"，每亩土地降低成本260元左右，并且合作社精细化的管理模式充分调动了群众参与服务的积极性，可实现农作物亩均增产10%以上。

在挖掘村庄自身资源优势、实现持续增收上，合作社立足节本提质增效，实现集体种粮规模化、高效化、增值化，积极引进运用新理念、新技术，实施科学种田。一是耕地扩容。对整体流转的700多块、620亩分散耕地通过“小块整成大块”，整合到不足300块，通过整合大块田，“凭空”增加耕地40亩。二是科学增产。积极与山东农业大学对接，不同地块采取不同配方施肥，提升农作物产量。2020年，小麦亩产过千斤，较往年增加300斤；玉米产量达到1050斤，较往年增加200斤，通过科技种田直接带动群众人均增收260元。在合作社的带领下，邢家村3户建档立卡贫困户2020年已全部脱贫，年度人均纯收入全部达到1.2万元以上，并实现了常态化增收。

尾　声

现在走进邢家村，从干净整洁的街道到家家户户房前屋后绿树鲜花环绕，从村外现代化的垃圾收集房到每家每户门前统一摆放的分类垃圾桶，从功能齐全的大型群众戏楼到实施个性化“点单式”服务的暖心食堂，都生动地诠释着现代农村的幸福生活。而这一切都得益于村庄经济的发展。通过党支部领办合作社，统一经营全村土地，发展农业社会化服务，不仅实现了集体增收，而且让群众腾出手来，实现自我增收，让干部、群众在村庄发展道路上携手“奔跑”。

邢家村的改变仍在继续，下一步，邢家村将紧紧依托合作社和农机公司的发展，进一步探索经营管理模式，不断扩大规模，以点带面，带动整个昌邑片区的快速发展，抓住土地流转契机，深入挖掘土地价值，提高种植质量，努力让老百姓以最省心的方式实现经济利益最大化，真正激活乡村振兴的“一池春水”。

研讨题：

1. 邢家村是如何一步步由一个落后村发展到如今的幸福村的？

2. 邢家村的做法对各地乡村振兴有什么启示？